TEMAN MASAKAN PENCINTA LEMON

100 Resipi Segar dan Berperisa untuk Menceriakan Repertoir Masakan Anda

Jane Haniff

Bahan Hak Cipta ©2024

Hak cipta terpelihara

Tiada bahagian buku ini boleh digunakan atau dihantar dalam apa jua bentuk atau dengan apa cara sekalipun tanpa kebenaran bertulis yang sewajarnya daripada penerbit dan pemilik hak cipta, kecuali petikan ringkas yang digunakan dalam semakan. Buku ini tidak boleh dianggap sebagai pengganti nasihat perubatan, undang-undang atau profesional lain.

ISI KANDUNGAN

ISI KANDUNGAN...3
PENGENALAN..7
SARAPAN PAGI..8
1. Donat Lemon dengan Pistachio....................................9
2. Muffin Kelapa Lemon..12
3. Scones Blueberry-lemon...14
4. Cawan Lemon Macadamia...17
5. Muffin Inggeris Lemon Thyme....................................19
6. Oat kek keju lemon blueberry....................................22
7. Wafel blueberry dan kulit lemon................................24
8. Croissant Lemon Blueberry..27
9. Teh pudina lemon...29
10. Roti Keju Lemon..31
11. Muffin Lemon..34
SELERA MAKAN DAN SNEK..37
12. Lemon Churros...38
13. Gigitan Pretzel Jalapeño Lemon..............................41
14. Bar Lemon..44
15. Keropok Lemon..47
16. Kerepek Pita Lada Limau...49
17. Kek Pendek Lemon Curd...51
18. Lemon Verbena Madeleines....................................54
19. Brownies Lemon..58
20. Mini Bar Lemon..60
21. Lemonade Truffles...62
PENJERAHAN..65
22. Lemon Mirror Glaze Macarons................................66
23. Pistachio Lemon Éclairs...71
24. Goji, Pistachio, dan Lemon Tart...............................77
25. Lemon meringue–pistachio pai...............................80
26. Kek mousse strawberi lemon..................................83
27. Mousse kacang ceri lemon.....................................87

28. Torte Ais Lemon dengan Sos Rhubarb......................90
29. Puding Awan Lemon-Rhubarb.............................94
30. Pai tauhu limau ketumbar....................................97
31. Lemon Sorbet..99
32. Mini Tarlet Lemon...101
33. Lemon Meringue Pie Parfaits.............................104
34. Lemon dan Lavender Flan.................................106
35. Lemon Zabaglione...109
36. Kek Meyer Lemon Terbalik................................111
37. Periuk Lemon de Creme....................................114
38. Macarons Perancis Lemon................................117
39. Tart Lemon Brûlée...121
40. Lemon Ice Brûlée dengan Toffee.......................124
41. Gelato Dadih Lemon..127
42. Kek Lemon Sarang Lebah.................................129
43. Mousse dadih lemon...132
44. Lemon Semifreddo..134
45. Sandwic Aiskrim Lemon....................................136

GLAZE DAN FROSTING.......................................139
46. Lemon Glaze...140
47. Raspberry Lemonade Glaze.............................142
48. Lemon Butter Frosting......................................144
49. Pembekuan Biji Popi Lemon.............................146

LEMONAD..148
50. Limau Perah Segar Klasik................................149
51. Limau Limau Merah Jambu..............................151
52. Mimosa Lemonade Raspberi............................153
53. Penyembur Lemonade Strawberi......................155
54. Limau Buah Naga...157
55. Kiwi Lemonade...159
56. Lemonade Kefir Raspberi.................................161
57. Raspberi dan Limau Adas................................163
58. Lemonade Plum..165
59. Limau Delima..168
60. Lemonade Ceri...171

61. Lemonade Blueberry..173
62. Jus Pear Berduri Limau Berkilauan............................175
63. Limau Anggur Hitam..177
64. Lemonade Laici..179
65. Epal dan Kale Lemonad e...181
66. limau ketumbar..183
67. Limau Lobak...185
68. Timun Lemonade Delight..187
69. Minty Kale Lemonade..189
70. Bit Lemonade...191
71. Limau Kacang Rama-rama..194
72. Lemonade Lavender...196
73. Air Limau Mawar..198
74. Lavender dan Lemonade Kelapa.................................200
75. Lemonad Lilac Segar e...203
76. Hibiscus Lemonade...205
77. Lemonade Basil..208
78. limau ketumbar..210
79. Limau Borage-Infused..212
80. Lemon Verbena Lemonade..214
81. Lemonade Rosemary..216
82. Lemongrass Lemonade..218
83. Hibiscus Basil Lemonade...220
84. Lemonade Lumut Laut..222
85. Spirulina L emonade...224
86. Lemonade yang Diselit Rumpai Laut........................226
87. Lemonade Chlorella...228
88. Matcha Green Tea Lemonade......................................230
89. Kopi Ais Lemonade...232
90. Lemonade Earl Grey..235
91. Lemonade Teh Hitam pic...237
92. Chai Raspberry Lemonade..239
93. Lemonade Kombucha..241
94. Lemonade Epal Berempah..243
95. Limau Kunyit...246

96. Lemonade Masala..248
97. Limau Berempah Chai..250
98. Lemonade Sos Panas...253
99. Lemonade Berempah India...255
100. Titisan Lemon Lavender...258
KESIMPULAN...261

PENGENALAN

Selamat datang ke "TEMAN MASAKAN PENCINTA LEMON," sebuah perjalanan yang penuh semangat ke dalam dunia lemon dan pengaruh luar biasa mereka terhadap seni kulinari. Lemon, dengan rasa yang cerah dan menyegarkan, telah mendapat tempat istimewa di hati tukang masak dan tukang masak rumah di seluruh dunia. Dalam buku masakan ini, kami menjemput anda untuk menerokai fleksibiliti dan kemeriahan lemon melalui koleksi 100 resipi segar dan berperisa.

Perjalanan kami melalui landskap sarat lemon akan memperkenalkan anda kepada keajaiban superstar sitrus ini. Sama ada anda seorang tukang masak yang berpengalaman atau orang baru di dapur, buku ini ialah panduan anda untuk menggabungkan kebaikan jeruk limau yang pedas ke dalam ciptaan masakan anda. Daripada pembuka selera kepada pencuci mulut, daripada pedas kepada manis, anda akan menemui kemungkinan tidak berkesudahan yang ditawarkan oleh lemon untuk mencerahkan dan menyerlahkan hidangan anda.

Semasa kami memulakan pengembaraan yang diselitkan sitrus ini, bersedia untuk membuka kunci rahsia memasak dengan limau, dan biarkan sifat cerah mereka mengubah makanan anda. Jadi, ambil apron anda, asah pisau anda dan sertai kami dalam menceriakan repertoir masakan anda dengan "Teman Masakan Pencinta Lemon."

SARAPAN PAGI

1. Donat Lemon dengan Pistachio

BAHAN-BAHAN:
UNTUK DOughnut:
- Semburan masak nonstick
- $\frac{1}{2}$ cawan gula pasir
- Kulit parut dan jus 1 lemon
- 1 $\frac{1}{2}$ cawan tepung serba guna
- $\frac{3}{4}$ sudu teh serbuk penaik
- $\frac{1}{4}$ sudu teh baking soda
- $\frac{1}{4}$ sudu teh garam
- $\frac{1}{3}$ cawan mentega
- $\frac{1}{3}$ cawan susu penuh
- 6 sudu besar. mentega tanpa garam, pada suhu bilik
- 1 biji telur
- 2 sudu teh ekstrak vanila

UNTUK GLAZE
- $\frac{1}{2}$ cawan yogurt Yunani biasa
- Kulit parut 1 lemon
- $\frac{1}{4}$ sudu teh garam
- 1 cawan gula kuih-muih
- $\frac{1}{2}$ cawan pistachio panggang, dicincang

ARAHAN :
a) Untuk membuat donat, panaskan ketuhar hingga 375°F.

b) Salut perigi kuali donat dengan semburan masak nonstick.

c) Dalam mangkuk kecil, satukan gula pasir dan kulit limau. Menggunakan hujung jari anda, gosokkan kulit ke dalam gula. Dalam mangkuk lain, pukul bersama tepung, serbuk penaik, soda penaik, dan garam. Dalam cawan penyukat, kacau bersama mentega, susu penuh dan jus lemon.

d) Dalam mangkuk pengadun berdiri yang dipasang dengan lampiran dayung, pukul bersama campuran gula dan mentega pada kelajuan sederhana sehingga ringan dan gebu, kira-kira 2 minit. Kikis bahagian tepi mangkuk. Masukkan telur dan vanila dan pukul pada kelajuan sederhana sehingga sebati kira-kira 1 minit.

e) Pada kelajuan rendah, masukkan adunan tepung dalam 3 penambahan, berselang seli dengan adunan susu dan mula dan akhir dengan tepung. Pukul setiap penambahan sehingga sebati.

f) Tuangkan 2 sudu besar. adunan ke dalam setiap yang disediakan dengan baik. Bakar, putar kuali 180 darjah separuh masa membakar, sehingga pencungkil gigi yang dimasukkan ke dalam donat keluar bersih, kira-kira 10 minit. Biarkan sejuk dalam kuali di atas rak penyejuk selama 5 minit, kemudian terbalikkan donat ke atas rak dan biarkan sejuk sepenuhnya. Sementara itu, basuh dan keringkan kuali dan ulangi untuk membakar adunan yang tinggal.

g) Untuk membuat sayu, dalam mangkuk, kacau bersama yogurt, kulit lemon dan garam.

h) Masukkan gula kuih-muih dan kacau hingga rata dan sebati.

i) Celupkan donat, bahagian atas ke bawah, ke dalam sayu, taburkan dengan pistachio, dan hidangkan.

2. Muffin Kelapa Lemon

BAHAN-BAHAN:
- 1 ¼ cawan tepung badam
- 1 cawan kelapa parut tanpa gula
- 2 sudu besar tepung kelapa
- ½ sudu teh baking soda
- ½ sudu teh serbuk penaik
- ¼ sudu teh garam
- ¼ cawan madu
- Jus dan kulit dari 1 lemon
- ¼ cawan santan penuh lemak
- 3 biji telur, dipukul
- 3 sudu besar minyak kelapa
- 1 sudu teh ekstrak vanila

ARAHAN:
a) Bawa api ketuhar anda kepada 350 f. Dalam mangkuk kecil, campurkan semua bahan basah.
b) Dalam mangkuk sederhana, satukan semua bahan kering.
c) Sekarang tuangkan bahan basah ke dalam mangkuk bahan kering dan kacau ke dalam adunan.
d) Biarkan adunan anda selama beberapa minit kemudian kacau lagi. Sekarang sapukan loyang muffin dan isi setiap satu kira-kira dua pertiga daripada penuh. Masukkan ke dalam ketuhar dan bakar selama kira-kira 20 minit.
e) Uji kematangan muffin dengan memasukkan pencungkil gigi di tengah, dan jika ia keluar bersih, itu bermakna anda boleh pergi. Keluarkan dari ketuhar, biarkan sejuk selama beberapa minit, dan hidangkan!

3. Scones Blueberry-lemon

BAHAN-BAHAN:
- 2 cawan tepung serba guna
- 1 sudu besar serbuk penaik
- 2 sudu teh gula
- 1 sudu teh garam halal
- 2 auns minyak kelapa ditapis
- 1 cawan beri biru segar
- $\frac{1}{4}$ auns kulit limau
- 8 auns santan

ARAHAN:
a) Kisar minyak kelapa dengan garam, gula, serbuk penaik, dan tepung dalam pemproses makanan.
b) Pindahkan adunan tepung ini ke dalam mangkuk adunan.
c) Sekarang masukkan santan dan kulit limau ke dalam adunan tepung, kemudian gaul rata.
d) Lipat dalam beri biru dan gaul adunan yang telah disediakan sehingga sebati.
e) Ratakan adunan blueberry ini ke dalam bulatan 7 inci dan masukkan ke dalam kuali.
f) Sejukkan doh blueberry selama 15 minit, kemudian potong menjadi 6 hirisan.
g) Lapiskan Plat Sear dengan helaian parchment.
h) Letakkan hirisan blueberry dalam Plat Sear yang bergaris.
i) Pindahkan scone ke Oven Penggoreng Udara dan tutup pintu.
j) Pilih mod "Bakar" dengan memutarkan dail.
k) Tekan butang TIME/SLICES dan tukar nilai kepada 25 minit.

l) Tekan butang TEMP/SHADE dan tukar nilai kepada 400 °F.
m) Tekan Mula/Berhenti untuk mula memasak.
n) Hidangkan segar.

4. Cawan Lemon Macadamia

BAHAN-BAHAN:
- ½ Cawan Mentega Kelapa
- ½ Cawan Kacang Macadamia
- ½ Cawan Mentega Cacao
- ¼ Cawan Minyak Kelapa
- ¼ Cawan Swerve, Serbuk
- 1 Sudu Besar Perahan Lemon, Parut Halus
- 1 Sudu Teh Serbuk Moringa

ARAHAN:
a) Mulakan dengan berdenyut semua bahan anda, kecuali kulit limau dan Moringa, dalam pemproses makanan selama seminit untuk menggabungkan kesemuanya.

b) Bahagikan adunan kepada dua mangkuk. Ia hendaklah dibelah dua sama banyak yang mungkin sebelum dibahagikan kepada separuh.

c) Serbuk moringa hendaklah diletakkan dalam mangkuk yang berasingan. Dalam hidangan tertentu, gabungkan kulit lemon dan bahan-bahan lain.

d) Sediakan 10 cawan muffin mini dengan mengisi separuh adunan Moringa dan kemudian tambahkannya dengan satu sudu setengah adunan lemon anda. Mengetepikan. Pastikan ia telah diletakkan di dalam peti sejuk selama sekurang-kurangnya sejam sebelum dihidangkan.

5. Muffin Inggeris Lemon Thyme

BAHAN-BAHAN:
- Tepung jagung, untuk habuk
- 1 sudu besar kulit limau
- 2 sudu besar gula pasir
- 1 ½ cawan tepung gandum putih
- 1 ½ cawan tepung serba guna
- 1 sudu besar thyme segar yang dicincang
- 1 ½ sudu teh garam
- ¼ sudu teh baking soda
- 1 sudu besar yis kering aktif
- 1 cawan susu badam kosong tanpa gula (atau susu pilihan), dipanaskan hingga 120 hingga 130°F
- ⅓ cawan air, dipanaskan hingga 120 hingga 130°F
- 2 sudu besar minyak zaitun

ARAHAN:
a) Dalam mangkuk adunan, satukan kulit lemon dan gula pasir. Gaul sehingga sebati. Langkah ini membantu melepaskan rasa lemon ke dalam gula.

b) Dalam mangkuk adunan besar yang berasingan, pukul bersama tepung gandum putih, tepung serba guna, thyme segar yang dikisar, garam dan soda penaik.

c) Taburkan yis kering aktif ke atas campuran susu badam suam dan air. Biarkan selama kira-kira 5 minit sehingga ia menjadi berbuih.

d) Tuangkan adunan yis ke dalam mangkuk bersama adunan tepung dan masukkan juga adunan gula limau dan minyak zaitun. Gaul semua sehingga menjadi doh.

e) Balikkan doh ke atas permukaan yang ditaburi tepung dan uli selama kira-kira 5 minit sehingga menjadi licin dan elastik.

f) Letakkan doh semula ke dalam mangkuk adunan, tutup dengan tuala dapur bersih, dan biarkan ia mengembang di tempat yang hangat selama kira-kira 1 jam atau sehingga ia mengembang dua kali ganda.

g) Apabila doh telah mengembang, tebuk ke bawah dan terbalikkan ke atas permukaan tepung semula. Gulungkannya kepada ketebalan kira-kira ½ inci.

h) Gunakan pemotong bulat atau tepi gelas untuk memotong bulat muffin Inggeris. Anda sepatutnya mendapat kira-kira 12 pusingan.

i) Taburkan loyang dengan tepung jagung dan letakkan bulat muffin di atasnya. Taburkan bahagian atas dengan tepung jagung tambahan. Tutup mereka dengan tuala dapur dan biarkan mereka berehat selama kira-kira 20-30 minit.

j) Panaskan griddle atau kuali besar dengan api sederhana. Masak muffin selama kira-kira 5-7 minit pada setiap sisi, atau sehingga ia berwarna perang keemasan dan masak.

k) Setelah masak, biarkan muffin sejuk sedikit sebelum dibelah dengan garfu dan dibakar.

l) Hidangkan muffin Inggeris lemon thyme buatan sendiri anda hangat dengan sapuan atau topping kegemaran anda. Nikmati!

6. Oat kek keju lemon blueberry

BAHAN-BAHAN:
- $\frac{1}{4}$ cawan yogurt Yunani tanpa lemak
- 2 sudu besar yogurt blueberry
- $\frac{1}{4}$ cawan beri biru
- 1 sudu teh parutan kulit limau
- 1 sudu teh madu

ARAHAN:
a) Satukan oat dan susu dalam balang mason 16 auns; atas dengan topping yang dikehendaki.
b) Sejukkan semalaman atau sehingga 3 hari; hidangkan sejuk.

7. Wafel blueberry dan kulit lemon

BAHAN-BAHAN:
- 2 cawan tepung serba guna
- 2 sudu besar gula pasir
- 1 sudu besar serbuk penaik
- $\frac{1}{2}$ sudu teh garam
- Perahan 1 lemon
- 2 biji telur besar
- $1\frac{3}{4}$ cawan susu
- ⅓ cawan mentega tanpa garam, cair
- 1 sudu teh ekstrak vanila
- 1 cawan beri biru segar

ARAHAN:

a) Panaskan seterika wafel anda mengikut arahan pengilang.

b) Dalam mangkuk adunan besar, pukul bersama tepung, gula, serbuk penaik, garam, dan kulit limau.

c) Dalam mangkuk yang berasingan, pukul telur. Masukkan susu, mentega cair, dan ekstrak vanila. Pukul sehingga sebati.

d) Tuangkan bahan basah ke dalam bahan kering dan kacau sehingga sebati. Jangan campurkan secara berlebihan; beberapa ketul pun boleh.

e) Perlahan-lahan lipat blueberry segar ke dalam adunan.

f) Lumurkan sedikit seterika wafel dengan semburan masak atau sapu dengan mentega cair.

g) Tuangkan adunan ke atas seterika wafel yang telah dipanaskan, menggunakan jumlah yang disyorkan mengikut saiz seterika wafel anda.

h) Tutup tudung dan masak sehingga wafel berwarna perang keemasan dan garing.

i) Keluarkan wafel dari seterika dengan berhati-hati dan pindahkannya ke rak dawai untuk menyejukkan sedikit.

j) Ulangi proses dengan baki adunan sehingga semua wafel masak.

k) Hidangkan wafel beri biru dan kulit limau hangat dengan beri biru segar tambahan, taburan gula tepung, sedikit sirap maple atau sedikit krim disebat.

8. Croissant Lemon Blueberry

BAHAN-BAHAN:

- Doh asas croissant
- ½ cawan beri biru
- 2 sudu besar gula pasir
- 1 sudu besar tepung jagung
- 1 sudu besar kulit limau
- 1 biji telur dipukul dengan 1 sudu air

ARAHAN:

a) Canai doh croissant menjadi segi empat tepat yang besar.

b) Dalam mangkuk kecil, campurkan beri biru, gula, tepung jagung, dan kulit limau.

c) Ratakan adunan blueberry di atas permukaan doh.

d) Potong doh menjadi segi tiga.

e) Gulung setiap segi tiga sehingga membentuk croissant.

f) Letakkan croissant pada lembaran pembakar yang beralas, berus dengan basuh telur, dan biarkan naik selama 1 jam.

g) Panaskan ketuhar hingga 400°F (200°C) dan bakar croissant selama 20-25 minit sehingga perang keemasan.

9. Teh pudina lemon

BAHAN-BAHAN:
- 1½ cawan air mendidih
- 3 sudu teh teh segera
- 6 tangkai pudina
- 1 cawan air mendidih
- 1 cawan Gula
- ½ cawan jus lemon

ARAHAN:
a) Campurkan 1-½ cawan air mendidih, teh segera dan pudina .
b) S teep, bertutup, selama 15 minit.
c) Campurkan 1 cawan air mendidih, gula, dan jus lemon.
d) Campurkan adunan kedua dengan adunan pudina selepas ditapis.
e) Tambah 4 cawan air sejuk.

10. Roti Keju Lemon

BAHAN-BAHAN:

doh
- 1 cawan air
- ¼ cawan gula
- 1 biji telur besar, dipukul sebati
- 2 sudu besar mentega
- ¾ sudu teh garam
- 4 cawan tepung roti
- 1 sudu besar susu kering
- 1½ sudu teh yis kering aktif

PENGISIAN
- 1 cawan keju ricotta, sebahagian susu skim
- ¼ cawan jus lemon (dari 1 lemon)
- ¼ cawan gula
- ¼ sudu teh kulit lemon (daripada 1 lemon)

TOPPING
- ½ cawan gula gula
- 1 sudu teh jus lemon
- Air (mengikut keperluan untuk mencapai konsistensi yang diingini)

ARAHAN:

doh:
a) Sukat bahan untuk doh ke dalam loyang (kecuali yis).
b) Ketuk bekas dengan kuat untuk meratakan bahan, kemudian taburkan yis di tengah tepung.
c) Masukkan loyang dengan kemas ke dalam mesin roti dan tutup penutup.
d) Pilih tetapan DOUGH dan tekan Mula.
e) Mesin akan berbunyi bip dan lampu LENGKAP akan menyala apabila doh selesai.

f) Keluarkan doh dari loyang.

PENGISIAN:

g) Dalam mangkuk yang berasingan, satukan semua bahan inti dan kacau hingga sebati.

PERHIMPUNAN:

h) Canai doh menjadi segi empat sama 12x15 inci.
i) Ratakan inti ke atas doh.
j) Canai doh memanjang dan potong gulung kepada 12 bahagian.
k) Letakkan bahagian yang dipotong ke bawah dalam kuali mentega.
l) Tutup doh dan biarkan selama 15 minit.

MEMBAKAR:

m) Panaskan ketuhar anda kepada 375°F (190°C).
n) Bakar roti selama 15 hingga 20 minit atau sehingga ia berwarna perang keemasan.
o) Sejukkan roti di atas rak pembakar.

TOPPING:

p) Dalam mangkuk yang berasingan, satukan semua bahan topping.
q) Tambah air sebanyak ½ sudu teh sehingga anda mencapai konsistensi yang diingini.
r) Sudukan topping ke atas roti yang telah disejukkan.
s) Nikmati Roti Keju Lemon buatan sendiri anda!

11. Muffin Lemon

BAHAN-BAHAN:
- 1 biji telur keseluruhan
- 1 cawan Carbquik
- 2 sudu besar Splenda (atau secukup rasa)
- 1 sudu kecil kulit limau parut
- ¼ cawan jus lemon
- ⅛ cawan air
- 1 sudu besar minyak
- 1 sudu besar biji popia (pilihan)
- 1 sudu teh serbuk penaik
- Sedikit garam

ARAHAN:

a) Panaskan Ketuhar Anda: Panaskan ketuhar anda hingga 400°F (200°C). Letakkan cawan pembakar kertas dalam setiap 6 cawan muffin bersaiz biasa, atau griskan bahagian bawah cawan muffin sahaja.

b) Campurkan Adunan: Dalam mangkuk bersaiz sederhana, pukul telur sedikit. Kemudian, kacau dalam Carbquik, Splenda, kulit limau parut, jus lemon, air, minyak, biji popia (jika menggunakan), serbuk penaik, dan secubit garam. Kacau sehingga campuran hanya dibasahkan; jangan overmix.

c) Bahagikan Adunan: Bahagikan adunan muffin di antara cawan muffin yang telah disediakan.

d) Bakar: Bakar muffin dalam ketuhar yang telah dipanaskan selama 15 hingga 20 minit atau sehingga bahagian atasnya berwarna perang keemasan. Pantau mereka menjelang penghujung masa pembakar untuk mengelakkan terlalu masak.

e) Setelah selesai, keluarkan muffin dari ketuhar dan biarkan ia sejuk di dalam cawan muffin selama beberapa minit.

f) Pindahkan muffin ke rak dawai untuk menyejukkan sepenuhnya.

g) Nikmati Muffin Lemon Carbquik buatan sendiri anda!

SELERA MAKAN DAN SNEK

12. Lemon Churros

BAHAN-BAHAN:
- 1 cawan air
- 2 sudu besar gula
- $\frac{1}{2}$ sudu teh garam
- 2 sudu besar minyak sayuran
- 1 cawan tepung serba guna
- Perahan 1 lemon
- Minyak sayuran untuk menggoreng
- $\frac{1}{4}$ cawan gula (untuk salutan)
- 1 sudu teh kayu manis (untuk salutan)
- Lemon glaze (dibuat dengan gula tepung dan jus lemon)

ARAHAN:
a) Dalam periuk, satukan air, gula, garam, dan minyak sayuran. Didihkan adunan.

b) Keluarkan periuk dari api dan masukkan tepung dan kulit lemon. Kacau sehingga adunan membentuk bebola doh.

c) Panaskan minyak sayuran dalam kuali atau periuk dalam dengan api sederhana.

d) Pindahkan doh ke dalam piping bag yang dipasang dengan hujung bintang.

e) Sapukan doh ke dalam minyak panas, potong 4-6 inci panjang dengan pisau atau gunting.

f) Goreng sehingga perang keemasan di semua sisi, putar sekali-sekala.

g) Keluarkan churros dari minyak dan toskan pada tuala kertas.

h) Dalam mangkuk yang berasingan, satukan gula dan kayu manis. Canai churros dalam adunan gula kayu manis hingga bersalut.

i) Siramkan sayu lemon ke atas churros.

j) Hidangkan churros lemon hangat.

13. Gigitan Pretzel Jalapeño Lemon

BAHAN-BAHAN:
- 1 sudu besar minyak zaitun
- 3 jalapeños, dibiji dan dicincang halus
- Garam kosher
- 2 (4-auns) bungkusan gigitan pretzel
- 4 auns keju krim, pada suhu bilik
- ½ sudu teh kulit limau parut halus
- 1 sudu besar jus lemon
- Sedikit sos panas
- 1 auns Cheddar oren lebih tajam, parut kasar (kira-kira ⅓ cawan), ditambah lagi untuk taburan
- 1 daun bawang, dicincang halus, ditambah lagi untuk taburan

ARAHAN:
a) Panaskan ketuhar hingga 400°F. Lapik loyang dengan kertas parchment.

b) Panaskan kuali sederhana dengan api sederhana. Masukkan minyak zaitun, diikuti dengan jalapeño dan ¼ sudu teh garam. Masak, kacau sekali-sekala, sehingga jalapeños hanya lembut, yang mengambil masa kira-kira 2 minit. Keluarkan dari haba.

c) Sementara itu, menggunakan pisau pengupas dan bekerja pada sudut, keluarkan bahagian atas setiap pretzel, meninggalkan bukaan 1 inci. menggunakan ibu jari anda, tolak ke dalam dan sekeliling untuk menekan beberapa pretzel dan buat bukaan yang lebih besar.

d) Dalam mangkuk, satukan keju krim, jus lemon dan sos panas. lipat dalam jalapeños, cheddar, dan daun bawang. pindahkan campuran ke dalam beg plastik yang boleh ditutup semula.

e) Potong sudut beg dan isi setiap pretzel. pindahkan ke lembaran penaik yang disediakan, taburkan dengan keju tambahan, dan bakar sehingga keju cair, 5 hingga 6 minit. taburkan daun bawang sebelum dihidangkan, jika mahu.

14. Bar Lemon

BAHAN-BAHAN:
UNTUK KERAK:
- 1 cawan (2 batang) mentega tanpa garam, dilembutkan
- ½ cawan gula pasir
- 2 cawan tepung serba guna
- Secubit garam

UNTUK ISI LEMON:
- 4 biji telur besar
- 2 cawan gula pasir
- ⅓ cawan tepung serba guna
- ½ cawan jus lemon yang baru diperah (kira-kira 4 biji lemon)
- Perahan 2 biji lemon
- Gula tepung (untuk habuk)

ARAHAN:
UNTUK KERAK:
a) Panaskan ketuhar anda hingga 350°F (175°C). Griskan loyang 9x13 inci.

b) Dalam mangkuk adunan, krim bersama mentega lembut dan gula pasir.

c) Masukkan tepung dan garam secara beransur-ansur, gaul sehingga menjadi doh yang hancur.

d) Tekan doh rata ke bahagian bawah loyang yang telah disediakan.

e) Bakar dalam ketuhar yang telah dipanaskan selama 15-20 minit, atau sehingga bahagian tepi berwarna keemasan. Keluarkan dari ketuhar dan ketepikan.

UNTUK ISI LEMON:
f) Dalam mangkuk yang berasingan, pukul bersama telur, gula pasir, tepung, jus lemon dan kulit limau hingga sebati.

g) Tuangkan adunan lemon ke atas kerak yang telah dibakar.

h) Kembalikan hidangan ke dalam ketuhar dan bakar selama 20-25 minit tambahan, atau sehingga isi lemon ditetapkan dan tidak lagi bergoyang apabila anda menggoncang kuali perlahan-lahan.

i) Biarkan batang limau sejuk sepenuhnya di dalam kuali.

j) Setelah sejuk, taburkan bahagian atas dengan gula tepung dan potong segi empat sama.

15. Keropok Lemon

BAHAN-BAHAN:
- 2½ cawan Gula
- 1 cawan Shortening
- 2 sudu besar Bakers Ammonia
- 1 sudu teh Minyak Lemon
- 2 biji telur
- 2 sudu besar Susu (baru)
- 1 liter susu (baru)
- tepung

ARAHAN:
a) Mulakan dengan merendam ammonia pembuat roti semalaman dalam segelas susu.

b) Dalam mangkuk yang berasingan, pukul telur secara berasingan dan tambah 2 sudu susu ke dalam kuning.

c) Dalam mangkuk adunan yang besar, satukan gula, shortening, ammonia pembakar yang direndam, minyak lemon, dan telur yang dipukul dengan susu.

d) Masukkan sedikit demi sedikit tepung secukupnya untuk membuat doh menjadi keras.

e) Canai doh nipis-nipis dan cucuk sebati dengan garfu.

f) Bakar, tetapi tiada suhu tertentu atau masa membakar disediakan dalam resipi asal. Anda boleh cuba membakarnya pada suhu 425°F (220°C) sehingga ia bertukar menjadi perang keemasan. Pantau mereka untuk mengelakkan terlalu masak.

g) Keropok lemon ini, walaupun tidak mempunyai arahan suhu dan masa tertentu, adalah hidangan unik dengan rasa limau.

h) Nikmati bereksperimen dengan masa dan suhu membakar untuk mencapai tekstur dan warna yang diingini.

16. Kerepek Pita Lada Limau

BAHAN-BAHAN:
- 4 biji roti pita
- 2 sudu besar minyak zaitun
- Perahan 1 lemon
- 1 sudu kecil lada hitam
- ½ sudu teh garam

ARAHAN:

a) Panaskan ketuhar hingga 375°F (190°C).

b) Potong bulat roti pita kepada segi tiga kecil atau bentuk yang dikehendaki.

c) Dalam mangkuk kecil, satukan minyak zaitun, kulit lemon, lada hitam, dan garam.

d) Sapu kedua-dua belah segitiga pita dengan campuran minyak zaitun.

e) Susun segitiga pita di atas loyang yang dialas dengan kertas parchment.

f) Bakar selama 10-12 minit atau sehingga garing dan sedikit keemasan.

g) Biarkan kerepek sejuk sebelum dihidangkan.

17.Kek Pendek Lemon Curd

BAHAN-BAHAN:

- 2 cawan tepung serba guna
- $\frac{1}{4}$ cawan gula pasir
- 1 sudu besar serbuk penaik
- $\frac{1}{2}$ sudu teh garam
- $\frac{1}{2}$ cawan mentega tanpa garam, sejuk dan kiub
- $\frac{3}{4}$ cawan mentega
- 1 sudu teh ekstrak vanila
- Dadih limau
- Raspberi segar
- Strawberi segar, dihiris
- Krim putar, untuk dihidangkan

ARAHAN:

a) Panaskan ketuhar anda hingga 425°F (220°C).

b) Dalam mangkuk besar, pukul bersama tepung, gula, serbuk penaik, dan garam.

c) Masukkan mentega kiub sejuk ke dalam bahan kering. Gunakan pemotong pastri atau jari anda untuk memotong mentega ke dalam adunan tepung sehingga ia menyerupai serbuk kasar.

d) Buat perigi di tengah campuran dan tuangkan susu mentega dan ekstrak vanila. Kacau sehingga sebati sahaja.

e) Balikkan doh ke atas permukaan tepung dan uli perlahan-lahan beberapa kali sehingga sebati.

f) Tepuk doh menjadi bulat setebal 1 inci dan potong kek pendek menggunakan pemotong biskut.

g) Letakkan kek pendek di atas loyang yang dialas dengan kertas parchment.

h) Bakar selama 12-15 minit atau sehingga perang keemasan.

i) Keluarkan dari ketuhar dan biarkan ia sejuk sedikit.

j) Potong kek pendek separuh secara melintang. Sapukan dadih lemon pada bahagian bawah, kemudian masukkan lapisan raspberi segar dan strawberi yang dihiris. Teratas dengan separuh lagi kek pendek dan hidangkan dengan krim putar.

18. Lemon Verbena Madeleines

BAHAN-BAHAN:
- 2 cawan tepung kek yang tidak diayak
- 1 sudu teh serbuk penaik
- ½ sudu teh Garam
- 1 cawan mentega tanpa garam, pada suhu bilik
- 1 ⅔ cawan gula pasir
- 5 biji Telur besar
- 1 ½ sudu teh ekstrak vanila
- Sirap Lemon Verbena (resipi berikut)
- Sirap Lemon Verbena:
- ½ cawan Air
- ½ cawan gula pasir
- ¼ cawan daun verbena lemon segar, dibungkus ringan (atau 2 sudu besar daun verbena lemon kering)

ARAHAN:

a) Panaskan ketuhar anda kepada 325 darjah Fahrenheit (160 darjah Celsius) dan letakkan rak di tengah ketuhar. Griskan kuali Madeleine dengan mentega lembut dan taburkannya dengan tepung, mengetuk lebihan tepung. Mengetepikan.

b) Dalam mangkuk, ayak bersama tepung kek, serbuk penaik, dan garam. Ketepikan adunan kering.

c) Dalam mangkuk adunan dengan pembancuh elektrik yang dilengkapi dengan pengait dayung, pukul mentega tanpa garam sehingga ia menjadi lembut dan gebu.

d) Masukkan gula pasir secara beransur-ansur ke dalam mentega dan teruskan pukul sehingga adunan menjadi sangat ringan dan berkrim.

e) Masukkan telur ke dalam adunan satu demi satu, pukul dengan baik selepas setiap penambahan. Masukkan ekstrak vanila.

f) Campurkan adunan tepung kering secara beransur-ansur ke dalam adunan basah sehingga semuanya sebati.

g) Dengan menggunakan spatula, kikis adunan ke dalam kuali Madeleine yang disediakan, ratakan sepenuhnya. Bersihkan tepi kuali dengan tuala kertas.

h) Bakar Madeleines dalam ketuhar yang telah dipanaskan selama kira-kira 10 hingga 15 minit atau sehingga kek telah naik dan berwarna keemasan di atas. Masukkan penguji ke tengah Madeleine; ia harus keluar bersih apabila ia telah dibakar sepenuhnya.

i) Keluarkan Madeleines dari ketuhar dan luncurkan pisau di sekeliling sisi untuk melonggarkannya. Tundukkan kek ke atas rak dawai, sebelah kanan ke atas.

j) Semasa Madeleines masih hangat, gunakan lidi nipis untuk menusuk lubang di bahagian atas setiap kek.

k) Sediakan Sirap Lemon Verbena: Dalam periuk kecil, satukan air, gula pasir, dan daun verbena lemon segar. Biarkan adunan mendidih, kacau sehingga gula larut. Keluarkan periuk dari api dan biarkan sirap curam selama kira-kira 10 minit. Tapis sirap untuk mengeluarkan daun verbena lemon.

l) Tuangkan 1 sudu teh Sirap Lemon Verbena yang hangat ke atas setiap Madeleine, biarkan ia meresap dan menyelitkan kek dengan rasa yang menarik.

m) Biarkan Madeleines sejuk sepenuhnya, kemudian simpan di dalam bekas kedap udara.

n) Nikmati Lemon Verbena Madeleines yang lazat ini, diselitkan dengan pati aromatik lemon verbena. Mereka membuat hidangan yang menarik untuk menemani teh atau kopi anda, dan sirap wangi menambah sentuhan manis dan rasa tambahan. Simpan sisa makanan dalam bekas kedap udara untuk mengekalkan kesegarannya.

19. Brownies Lemon

BAHAN-BAHAN:
- 1 cawan mentega tanpa garam, cair
- 2 cawan gula pasir
- 4 biji telur besar
- 1 sudu teh ekstrak vanila
- 1 sudu besar kulit limau
- 2 sudu besar jus lemon segar
- 1 ½ cawan tepung serba guna
- ½ sudu teh garam
- ½ cawan gula tepung (untuk habuk)

ARAHAN:

a) Panaskan ketuhar hingga 350°F dan griskan loyang 9x13 inci.

b) Dalam mangkuk besar, campurkan mentega cair dan gula pasir sehingga sebati.

c) Masukkan telur, ekstrak vanila, kulit lemon, dan jus lemon, dan kacau sehingga rata.

d) Dalam mangkuk yang berasingan, pukul bersama tepung dan garam.

e) Masukkan bahan kering sedikit demi sedikit ke dalam bahan basah, gaul sehingga sebati.

f) Tuangkan adunan ke dalam loyang yang telah disediakan dan ratakan.

g) Bakar selama 25-30 minit, atau sehingga pencungkil gigi yang dimasukkan ke tengah keluar dengan sedikit serbuk lembap.

h) Biarkan brownies sejuk sepenuhnya.

i) Taburkan bahagian atas dengan gula tepung.

j) Potong empat segi dan hidangkan.

20. Mini Bar Lemon

BAHAN-BAHAN:
- 1 cawan tepung serba guna
- $\frac{1}{4}$ cawan gula tepung
- $\frac{1}{2}$ cawan mentega tanpa garam, dilembutkan
- 2 biji telur besar
- 1 cawan gula pasir
- 2 sudu besar tepung serba guna
- $\frac{1}{4}$ sudu teh serbuk penaik
- 2 sudu besar jus lemon
- Perahan 1 lemon
- Gula tepung (untuk habuk)

ARAHAN:
a) Panaskan ketuhar hingga 350°F (175°C).
b) Dalam mangkuk adunan, satukan 1 cawan tepung, $\frac{1}{4}$ cawan gula tepung, dan mentega lembut sehingga hancur.
c) Tekan adunan ke bahagian bawah loyang 8x8 inci yang telah digris.
d) Bakar kerak selama 15-20 minit atau sehingga perang sedikit keemasan.
e) Dalam mangkuk lain, pukul bersama telur, gula pasir, 2 sudu besar tepung, serbuk penaik, jus lemon dan kulit limau hingga sebati.
f) Tuangkan adunan lemon ke atas kerak yang telah dibakar.
g) Bakar selama 20-25 minit tambahan atau sehingga bahagian atas ditetapkan dan berwarna perang sedikit.
h) Biarkan bar lemon mini sejuk sepenuhnya, kemudian potong menjadi segi empat sama bersaiz gigitan.
i) Taburkan bahagian atas dengan gula tepung sebelum dihidangkan.

21. Lemonade Truffles

BAHAN-BAHAN:
- 26 auns coklat putih, dibahagikan
- 6 sudu besar mentega
- 1 sudu besar kulit limau
- 1 sudu teh jus lemon
- ⅓ sudu teh asid tartarik Secubit garam
- 2 sudu besar pengawet strawberi

ARAHAN:
a) Basuh semua coklat putih menggunakan kaedah di sini dan sahkan bahawa anda mempunyai perangai yang baik dengan menyapu sedikit coklat di kaunter.

b) Ini harus ditetapkan dalam masa 2 minit. Ketepikan 16 auns.

c) Lembutkan mentega dalam ketuhar gelombang mikro dan kemudian uli dalam bantal kertas parchment (lihat di sini) sehingga mentega hangat dan konsisten krim muka.

d) Campurkan mentega ke dalam 10 auns coklat terbaja sehingga adunan sebati dan kelihatan seperti sutera.

e) Masukkan bahan yang tinggal dan kacau rata.

f) Paipkan ganache ke dalam acuan persegi 1 inci.

g) Biarkan duduk di kaunter atau letak dalam peti sejuk selama 20 minit untuk mengeras.

h) Mereka sedia untuk dicelup apabila ganache keluar dari acuan dengan bersih.

i) Menggunakan garpu celup dua serampang, celupkan truffle ke dalam baki 16 auns coklat putih terbaja.

j) Hiaskan dengan meletakkan mentega koko merah jambu dan kuning di atas setiap truffle sebelum mencelupkan yang seterusnya.

k) Biarkan tetap di kawasan sejuk selama 10 hingga 20 minit sebelum menanggalkan helaian pemindahan.

l) Simpan sehingga 3 minggu pada suhu bilik di tempat gelap jauh dari bau dan haba.

PENJERAHAN

22. Lemon Mirror Glaze Macarons

BAHAN-BAHAN:
UNTUK KERANG MACARON:
- 1 cawan tepung badam
- 1 cawan gula tepung
- 2 putih telur besar, pada suhu bilik
- ¼ cawan gula pasir
- Perahan 1 lemon
- Pewarna makanan gel kuning (pilihan)

UNTUK ISI LEMON CURD:
- Jus 2 biji lemon
- Perahan 1 lemon
- ½ cawan gula pasir
- 2 biji telur besar
- 4 sudu besar (56g) mentega tanpa garam, dipotong dadu

UNTUK LEMON MIRROR GLAZE:
- ½ cawan air
- 1 cawan gula pasir
- ½ cawan sirap jagung ringan
- ½ cawan (60g) jus lemon tanpa gula
- 2 sudu besar serbuk gelatin
- Pewarna makanan gel kuning (pilihan)

ARAHAN:
MEMBUAT KERANGKA MACARON:
a) Lapik dua helai pembakar dengan kertas parchment atau alas pembakar silikon.

b) Dalam pemproses makanan, satukan tepung badam dan gula tepung. Denyut sehingga sebati dan tekstur halus. Pindahkan ke mangkuk adunan besar.

c) Dalam mangkuk adunan lain, pukul putih telur hingga berbuih. Masukkan gula pasir secara beransur-ansur sambil terus dipukul. Pukul sehingga stiff peak terbentuk. Secara pilihan, tambahkan beberapa titis pewarna makanan gel kuning dan kulit limau, dan gaul sehingga sekata.

d) Masukkan adunan tepung badam perlahan-lahan ke dalam adunan putih telur menggunakan spatula. Lipat sehingga adunan licin dan membentuk konsistensi seperti reben. Berhati-hati agar tidak terlalu bercampur.

e) Pindahkan adunan macaron ke dalam piping bag yang dipasang dengan hujung bulat.

f) Paipkan bulatan kecil (kira-kira 1 inci diameter) pada lembaran pembakar yang disediakan, meninggalkan ruang antara setiap satu. Ketik helaian pembakar di kaunter untuk mengeluarkan sebarang buih udara.

g) Biarkan macaron berpaip duduk pada suhu bilik selama kira-kira 30 minit sehingga kulit terbentuk di permukaan. Langkah ini penting untuk cangkerang yang licin.

h) Semasa macaron sedang berehat, panaskan ketuhar anda hingga 300°F (150°C).

i) Bakar macaron selama 15 minit, putar loyang separuh.

j) Keluarkan macaron dari ketuhar dan biarkan ia sejuk di atas loyang selama beberapa minit sebelum memindahkannya ke rak dawai untuk menyejukkan sepenuhnya.

MEMBUAT ISI LEMON CURD:

k) Dalam periuk, satukan jus lemon, kulit limau, gula pasir dan telur. Pukul bersama dengan api sederhana sehingga adunan pekat, kira-kira 5-7 minit.

l) Keluarkan periuk dari api dan pukul mentega kiub sehingga sebati.

m) Pindahkan dadih lemon ke dalam mangkuk, tutupnya dengan bungkus plastik (sentuh terus permukaan untuk mengelakkan kulit daripada terbentuk), dan sejukkan sehingga ia sejuk dan set, kira-kira 1 jam.

MEMASANGKAN MACARON:

n) Padankan cangkerang macaron kepada pasangan yang sama saiz.

o) Isikan piping bag dengan inti dadih lemon dan paipkan sedikit pada satu kulit macaron daripada setiap pasangan.

p) Tekan perlahan kulit kedua di atas untuk membuat sandwic. Ulang dengan macaron yang tinggal.

q) Membuat Kaca Cermin Lemon:

r) Dalam mangkuk kecil, satukan serbuk gelatin dengan 2 sudu besar air sejuk. Biarkan ia mekar selama beberapa minit.

s) Dalam periuk, satukan air, gula pasir, dan sirap jagung. Didihkan dengan api sederhana, kacau sentiasa sehingga gula larut.

t) Keluarkan campuran dari api dan tambah jus lemon, kacau untuk menggabungkan.

u) Masukkan gelatin yang telah mekar ke dalam adunan lemon dan kacau sehingga gelatin larut sepenuhnya.

v) Jika mahu, tambahkan beberapa titis pewarna makanan gel kuning untuk warna lemon yang cerah.

MENGGILAI MACARON:

w) Letakkan rak dawai di atas loyang untuk menangkap lebihan sayu.

x) Pegang setiap macaron di bahagian atasnya dan perlahan-lahan celupkan bahagian bawah ke dalam sayu cermin lemon. Biarkan sayu berlebihan menitis.

y) Letakkan macaron berlapis pada rak dawai untuk ditetapkan selama kira-kira 30 minit sehingga sayu menjadi padat.

z) Simpan macaron sayu cermin lemon dalam bekas kedap udara di dalam peti sejuk sehingga tiga hari. Nikmati hidangan limau anda yang menarik!

23. Pistachio Lemon Éclairs

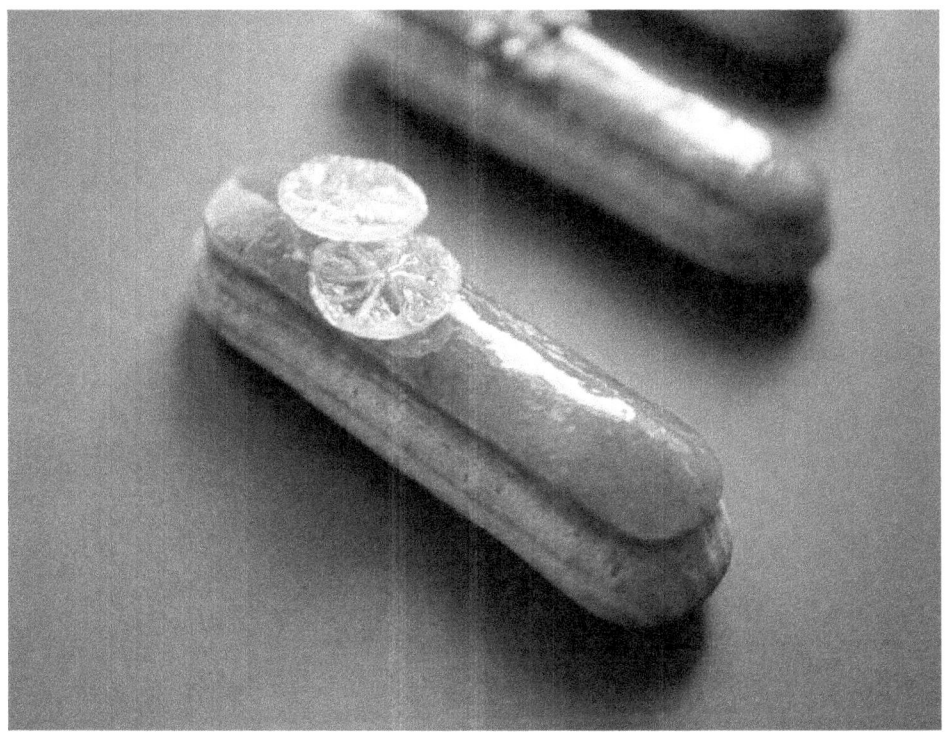

BAHAN-BAHAN:

UNTUK CANDIED LEMON (PILIHAN):
- 10 sunquats (mini lemon)
- 2 cawan air
- 2 cawan gula

UNTUK PASTE PISTACIO:
- 60 g pistachio tanpa kulit (tidak dibakar)
- 10 g minyak biji anggur

UNTUK KRIM MOUSSELINE PISTACIO-LEMON:
- 500 g susu
- Perahan 2 biji lemon
- 120 g kuning telur
- 120 g gula
- 40 g tepung jagung
- 30 g pes pistachio (atau 45 g jika dibeli di kedai)
- 120 g mentega lembut (potong dadu)

UNTUK PISTACHIO MARZIPAN:
- 200 g marzipan
- 15 g pes pistachio
- Pewarna makanan hijau (gel)
- Sedikit gula halus

UNTUK PASTRY choux:
- 125 g mentega
- 125 g susu
- 125 g air
- 5 g gula
- 5 g garam
- 140 g tepung
- 220 g telur

UNTUK GLAZE:
- 200 g nappage neutre (kacau jeli neutral)

- 100 g air
- Pewarna makanan hijau (gel)

UNTUK HIASAN:
- Pistachio tanah

ARAHAN:
CANDIED LEMON (PILIHAN):
a) Sediakan mandi ais (periuk dengan air dan ais) dan ketepikan.
b) Gunakan pisau tajam untuk memotong hirisan nipis lemon. Buang biji.
c) Dalam periuk lain, masak air sehingga mendidih. Angkat dari api dan segera masukkan hirisan lemon ke dalam air panas. Gaul sehingga hirisan lembut (kira-kira seminit).
d) Tuangkan air panas melalui ayak, kemudian masukkan hirisan lemon ke dalam tab mandi ais untuk seketika. Tuangkan air berais menggunakan ayak.
e) Dalam periuk besar dengan api besar, satukan air dan gula. Gaul sehingga gula cair, kemudian biarkan mendidih.
f) Kecilkan api kepada sederhana, dan gunakan penyepit untuk meletakkan hirisan lemon di dalam air supaya ia terapung. Masak dengan api perlahan sehingga kulitnya menjadi lutsinar, kira-kira $1\frac{1}{2}$ jam.
g) Keluarkan limau menggunakan penyepit dan letakkan di atas rak penyejuk. Letakkan sekeping kertas pembakar di bawah rak penyejuk untuk menangkap sebarang sirap yang menitis daripada hirisan lemon.
PISTACIO PASTE:
h) Panaskan ketuhar hingga 160°C (320°F).

i) Panggang pistachio di atas dulang pembakar selama kira-kira 7 minit sehingga ia berwarna perang sedikit. Biarkan mereka sejuk.

j) Kisar pistachio yang telah disejukkan menjadi serbuk dalam pemproses makanan kecil. Masukkan minyak dan kisar lagi sehingga menjadi pes. Simpan di dalam peti sejuk sehingga digunakan.

k) Krim Mousseline Pistachio-Lemon:

l) Didihkan susu. Tutup api, masukkan kulit lemon, tutup dan biarkan selama 10 minit.

m) Dalam mangkuk, satukan kuning telur dan gula. Pukul segera, kemudian masukkan tepung jagung dan pukul lagi.

n) Masukkan susu suam sambil dipukul. Tuangkan adunan melalui ayak ke dalam periuk bersih, buang kulit limau yang tertinggal di dalam ayak.

o) Panaskan dengan api sederhana dan pukul sehingga adunan menjadi pekat dan berkrim. Keluarkan dari haba.

p) Pindahkan krim ke dalam mangkuk yang mengandungi pes pistachio. Pukul sehingga seragam. Tutup dengan bungkus plastik untuk mengelakkan kerak terbentuk dan sejukkan.

q) Apabila krim mencapai suhu 40°C (104°F), masukkan mentega lembut secara beransur-ansur dan gaul rata. Tutup dengan bungkus plastik dan sejukkan.

PASTRY choux:

r) Ayak tepung dan ketepikan.

s) Dalam periuk, masukkan mentega, susu, air, gula, dan garam. Panaskan pada api sederhana tinggi sehingga mentega cair dan adunan mendidih.

t) Keluarkan dari api, segera masukkan tepung sekaligus, dan gaul rata sehingga adunan seragam terbentuk, menyerupai kentang tumbuk. Ini adalah campuran panade.

u) Keringkan panade selama kira-kira seminit dengan api perlahan, kacau dengan spatula, sehingga ia mula menarik balik dari sisi periuk dan beku.

v) Pindahkan panade ke dalam mangkuk adunan dan sejukkan sedikit. Dalam mangkuk yang berasingan, pukul telur dan masukkannya secara beransur-ansur ke dalam pengadun, tunggu setiap penambahan bergabung sebelum menambah lagi.

w) Gaul pada kelajuan sederhana rendah sehingga adunan licin, berkilat dan stabil.

x) Panaskan ketuhar hingga 250°C (480°F). Tutup dulang pembakar dengan kertas parchment atau lapisan nipis mentega.

y) Paipkan jalur adunan sepanjang 12 cm ke atas dulang. Jangan buka pintu ketuhar semasa membakar.

z) Selepas 15 minit, buka sedikit pintu ketuhar (kira-kira 1 cm) untuk mengeluarkan wap. Tutupnya dan tetapkan suhu kepada 170°C (340°F). Bakar selama 20-25 minit sehingga éclairs coklat.

aa) Ulang dengan adunan yang tinggal.

PISTACHIO MARZIPAN:

bb) Potong marzipan menjadi kiub dan gaul dengan pemukul rata sehingga lembut dan seragam. Masukkan pes pistachio, dan pewarna makanan hijau (jika mahu), dan gaul sehingga seragam.

cc) Gulungkan marzipan pada ketebalan 2 mm dan potong jalur agar sesuai dengan éclairs.

PERHIMPUNAN:

dd) Potong dua lubang kecil di bahagian bawah setiap éclair.

ee) Isi setiap éclair dengan krim pistachio-lemon melalui lubang.

ff) Sapu sedikit sayu pada satu sisi setiap jalur marzipan dan pasangkannya pada éclairs.

gg) Celupkan setiap éclair ke dalam sayu, biarkan lebihan sayu menitis.

hh) Hiaskan dengan hirisan limau manisan atau pistachio cincang.

ii) Sejukkan sehingga sedia untuk dihidangkan.

24. Goji, Pistachio, dan Lemon Tart

BAHAN-BAHAN:
UNTUK KERAK PISTACIO VEGAN MENTAH:
- 1½ cawan tepung badam atau tepung badam
- ½ cawan pistachio
- 3 tarikh
- 1½ sudu besar minyak kelapa
- ½ sudu teh serbuk buah pelaga kisar
- ⅛ sudu teh garam

PENGISIAN:
- 1½ cawan krim kelapa
- 1 cawan jus lemon
- 1 sudu besar tepung jagung
- 2 sudu kecil agar-agar
- ¼ cawan sirap maple
- ½ sudu teh serbuk kunyit kisar
- 1 sudu teh ekstrak vanila
- ½ sudu teh ekstrak goji

TOPIS:
- segenggam buah goji
- buah naga
- bunga yang boleh dimakan
- hati coklat

ARAHAN:
TART SHELL
a) Kisar tepung badam dan pistachio dalam pemproses makanan/pengisar sehingga lumat.

b) Masukkan baki bahan kerak dan gaul rata sehingga anda mendapat campuran melekit yang seragam.

c) Masukkan doh kerak ke dalam tin tart dan ratakan di dalam pangkalan.

d) Biarkan sejuk di dalam peti ais, sementara anda menyediakan inti.

PENGISIAN

e) Panaskan krim kelapa dalam periuk sederhana, kacau hingga rata dan rata.

f) Masukkan baki bahan inti termasuk tepung jagung dan agar-agar.

g) Sambil kacau berterusan, masak sehingga mendidih dan masak selama beberapa minit sehingga ia mula pekat.

h) Apabila adunan pekat, keluarkan dari api dan biarkan ia sejuk selama 10-15 minit.

i) Kemudian tuangkan ke atas kerak dan biarkan ia sejuk sepenuhnya.

j) Letakkan di dalam peti sejuk selama beberapa jam sekurang-kurangnya, sehingga intinya betul-betul siap.

k) Hiaskan dengan beri goji, bebola buah naga dan bunga yang boleh dimakan, atau dengan topping kegemaran anda.

25. Lemon meringue-pistachio pai

BAHAN-BAHAN:
- 1 hidangan Pistachio Crunch
- ½ auns coklat putih cair
- 1⅓ cawan Lemon Curd
- 1 cawan gula
- ½ cawan air
- 3 biji putih telur
- ¼ cawan Dadih Lemon

ARAHAN:
a) Tuangkan rangup pistachio ke dalam loyang pai 10 inci. Dengan jari dan tapak tangan anda, tekan rangup dengan kuat ke dalam loyang pai, pastikan bahagian bawah dan tepinya sama rata. Ketepikan semasa anda membuat inti; dibalut dengan plastik, kerak boleh disejukkan, sehingga 2 minggu.

b) Menggunakan berus pastri, cat lapisan nipis coklat putih pada bahagian bawah dan atas bahagian kerak. Masukkan kerak di dalam peti sejuk selama 10 minit untuk menetapkan coklat.

c) Masukkan 1⅓ cawan dadih lemon ke dalam mangkuk kecil dan kacau untuk melonggarkan sedikit. Kikis dadih limau ke dalam kerak dan gunakan bahagian belakang sudu atau spatula untuk meratakannya. Letakkan pai di dalam peti sejuk selama kira-kira 10 minit untuk membantu menetapkan lapisan dadih lemon.

d) Sementara itu, satukan gula dan air dalam periuk kecil berdasar berat dan perlahan-lahan slush gula di dalam air sehingga ia berasa seperti pasir basah. Letakkan periuk di atas api sederhana dan panaskan campuran hingga 239°F, pantau suhu dengan termometer bacaan segera atau gula-gula.

e) Semasa gula dipanaskan, masukkan putih telur ke dalam mangkuk pengadun berdiri dan, dengan lampiran pemukul, mula menyebatnya ke puncak sederhana lembut.

f) Setelah sirap gula mencecah 239°F, keluarkannya dari api dan tuangkan dengan teliti ke dalam putih telur sebat, pastikan untuk mengelakkan pukulan: matikan pengadun pada kelajuan yang sangat rendah sebelum anda melakukan ini melainkan anda mahukan pembakaran yang menarik. tanda di muka anda.

g) Setelah semua gula berjaya dimasukkan ke dalam putih telur, putarkan kelajuan pengadun semula dan biarkan meringue memecut sehingga ia sejuk ke suhu bilik.

h) Semasa meringue disebat, masukkan ¼ cawan dadih lemon ke dalam mangkuk besar dan kacau, menggunakan spatula, untuk melonggarkan sedikit.

i) Apabila meringue telah sejuk ke suhu bilik, matikan pengadun, keluarkan mangkuk, dan lipat meringue ke dalam dadih limau dengan spatula sehingga tiada coretan putih kekal, berhati-hati agar tidak mengempiskan meringue.

j) Keluarkan pai dari peti sejuk dan cedok meringue lemon di atas dadih lemon. Dengan menggunakan sudu, sapukan meringue dalam lapisan yang rata, menutupi dadih lemon sepenuhnya.

k) Hidangkan, atau simpan pai di dalam peti sejuk sehingga sedia untuk digunakan. Dibalut rapat dengan bungkus plastik setelah beku keras, ia akan disimpan di dalam peti sejuk sehingga 3 minggu. Biarkan pai dicairkan semalaman di dalam peti sejuk atau sekurang-kurangnya 3 jam pada suhu bilik sebelum dihidangkan.

26. Kek mousse strawberi lemon

BAHAN-BAHAN:

- 1 cawan tepung serba guna 250 mL
- ⅓ cawan kacang hazel panggang atau kacang pistachio; dicincang halus
- 2 sudu besar Gula pasir 25 mL
- ½ cawan mentega tanpa garam; potong kecil 125 mL
- 1 kuning telur 1
- 1 sudu besar jus lemon 15 mL
- 2 auns kek span buatan sendiri atau komersial 60 g
- 4 cawan strawberi segar 1 L
- 1 sampul gelatin tidak berperisa 1
- ¼ cawan air sejuk 50 mL
- 4 kuning telur 4
- ¾ cawan gula pasir; dibahagikan 175 mL
- ¾ cawan jus lemon 175 mL
- 1 sudu besar kulit limau parut halus 15 mL
- 4 auns krim keju 125 g
- 1¾ cawan krim putar 425 mL
- Kacang pistachio panggang yang dicincang
- Gula aising yang diayak

ARAHAN:

a) Panaskan ketuhar kepada 375F/190C.

b) Untuk membuat pastri, dalam mangkuk besar, satukan tepung dengan kacang dan gula pasir. Potong mentega sehingga menjadi kepingan kecil.

c) Satukan kuning telur dengan jus lemon. Taburkan di atas bancuhan tepung dan kumpulkan doh menjadi bebola. Gulung atau tekan untuk memuatkan bahagian bawah kuali springform 9 atau 10 inci/23 atau 25 cm.

d) Bakar selama 20 hingga 25 minit, atau sehingga perang sedikit. Pecahkan kek span kepada kepingan kecil dan taburkan di atas pastri.

e) Rizab lapan strawberi terbaik untuk bahagian atas. Lambung buah beri yang tinggal.

f) Potong kira-kira dua belas buah beri yang bersaiz sama pada separuh dan susunkannya di sekeliling tepi kuali dengan bahagian yang dipotong beri ditekan pada tepi. Susun baki beri agar muat di dalam kuali dengan hujung menghala ke atas.

g) Untuk membuat inti, taburkan gelatin di atas air sejuk dalam periuk kecil.

h) Biarkan melembutkan selama 5 minit. Panaskan perlahan-lahan sehingga larut.

i) Dalam periuk sederhana, pukul 4 kuning telur dengan $\frac{1}{2}$ cawan/125 mL gula pasir sehingga ringan. Pukul dalam jus lemon dan kupas. Masak, kacau sentiasa, sehingga adunan menjadi pekat dan mendidih. Kacau dalam gelatin terlarut. Sejuk.

j) Dalam mangkuk besar, pukul keju krim dengan baki $\frac{1}{4}$ cawan/50 mL gula pasir. Pukul dalam krim lemon sejuk.

k) Dalam mangkuk yang berasingan, pukul krim putar sehingga ringan. Lipat ke dalam krim lemon.

l) Tuangkan ke atas buah beri. Goncangkan kuali perlahan-lahan supaya campuran limau jatuh di antara buah beri dan bahagian atasnya rata. Sejukkan selama 3 hingga 4 jam, atau sehingga ditetapkan.

m) Jalankan pisau di sekeliling tepi kuali dan keluarkan bahagian tepi.

n) Letakkan kek di atas pinggan hidangan. (Keluarkan bahagian bawah bentuk spring hanya jika ia mudah hilang.)

Susun jalur kertas lilin 1 inci/2½ cm di atas kek, tinggalkan ruang di antaranya.

o) Taburkan ruang dengan kacang pistachio. Keluarkan kertas dengan berhati-hati. Biarkan badan pada buah beri yang dikhaskan dan potong dua. Susun beri dalam baris di sepanjang jalur kosong. Taburkan dengan gula aising.

p) Sejukkan sehingga sedia untuk dihidangkan.

27. Mousse kacang ceri lemon

BAHAN-BAHAN:
- ½ cawan badam semulajadi keseluruhan
- 1 Sampul surat agar-agar tidak berperisa
- 3 sudu besar jus lemon
- 1 cawan gula pasir; dibahagikan
- 1 tin (12 auns) susu sejat
- 1 tin (21-auns) isi dan topping pai ceri
- 2 sudu kecil kulit limau parut
- ¼ sudu teh ekstrak badam
- 4 putih telur

ARAHAN:

a) Sapukan badam dalam satu lapisan pada lembaran penaik. Bakar dalam ketuhar yang dipanaskan hingga 350 darjah selama 12-15 minit, kacau sekali-sekala, sehingga sedikit dibakar. Sejukkan dan potong halus.

b) Taburkan gelatin ke atas 3 sudu besar air dalam periuk kecil yang berat. Biarkan selama 2 minit sehingga gelatin telah menyerap air.

c) Kacau dalam jus lemon dan ½ cawan gula; kacau adunan di atas api perlahan sehingga gelatin dan gula larut sepenuhnya dan cecair jernih.

d) Tuangkan susu sejat ke dalam mangkuk adunan yang besar; kacau dalam inti pai ceri, kulit lemon, dan ekstrak badam. Kacau dalam campuran gelatin terlarut, kacau dengan teliti.

e) Sejukkan sehingga adunan menjadi pekat dan konsisten seperti puding.

f) Pukul putih telur sehingga ringan dan berbuih. Masukkan baki gula secara beransur-ansur.

g) Teruskan pukul sehingga meringue kaku terbentuk. Lipat meringue ke dalam campuran ceri. Masukkan badam cincang perlahan-lahan.

h) Sudukan mousse ke dalam 8 mangkuk hidangan. Tutup dan sejukkan sekurang-kurangnya 2 jam atau semalaman sebelum dihidangkan.

28. Torte Ais Lemon dengan Sos Rhubarb

BAHAN-BAHAN:
UNTUK KERAK:
- 3 cawan Badam Hiris Dicelur, dibakar (kira-kira 12 auns)
- ½ cawan Gula
- 5 sudu besar Marjerin, cair
- ¼ sudu teh Kayu Manis Kisar
- ⅓ cawan Pengawetan Strawberi

UNTUK TORTE:
- 3 liter Ais Lemon atau Nanas, Sherbet atau Sorbet
- 1 cawan Gula
- ½ cawan Air
- 1 Biji Vanila, belah memanjang

UNTUK SOS STRAWBERI-RHUBARB:
- 1 beg 20 auns Rhubarb Tanpa Gula Beku
- 1 beg 20-auns Strawberi Tanpa Gula Beku
- 1 pint bakul Strawberi Segar
- Tangkai Pudina Segar (untuk hiasan)

ARAHAN:
UNTUK KERAK:
a) Dalam pemproses makanan, satukan badam dan gula yang telah dibakar. Proses sehingga dicincang halus.

b) Pindahkan campuran badam-gula ke mangkuk sederhana.

c) Campurkan marjerin cair dan kayu manis yang dikisar ke dalam adunan badam sehingga sebati.

d) Pindahkan campuran badam ke dalam kuali springform berdiameter 9 inci. Gunakan bungkus plastik untuk membantu menekan campuran badam dengan kuat 2 inci ke atas bahagian tepi dan rata di bahagian bawah kuali. Bekukan kerak selama 15 minit.

e) Panaskan ketuhar anda hingga 350°F (175°C). Letakkan kuali dengan kerak pada helaian biskut dan bakar selama 20 minit, atau sehingga kerak ditetapkan dan sedikit keemasan. Jika bahagian kerak tergelincir semasa membakar, tekan kembali ke tempatnya dengan belakang garpu.

f) Pindahkan kuali ke rak dan biarkan kerak sejuk sepenuhnya.

g) Cairkan pengawet strawberi dalam periuk kecil yang berat. Tuangkan pengawet cair ke dalam kerak yang telah disejukkan dan ratakan untuk menutup bahagian bawah. Biarkan ia sejuk.

UNTUK TORTE:

h) Lembutkan sedikit ais lemon atau nanas, serbet atau sorbet dan ratakan dalam kuali di atas kerak. Bekukan sehingga padat. Anda boleh menyediakan langkah ini satu hari ke hadapan; hanya tutup dan bekukan.

UNTUK SOS STRAWBERI-RHUBARB:

i) Dalam periuk sederhana berat, satukan ½ cawan gula dan ½ cawan air. Kikis biji dari kacang vanila dan masukkannya ke dalam periuk bersama dengan pod kacang vanila yang dibelah. Reneh selama 5 minit.

j) Masukkan baki ½ cawan gula dan kacau hingga larut.

k) Masukkan rhubarb ke dalam periuk. Didihkan, kemudian kecilkan api, tutup, dan reneh sehingga rhubarb lembut, yang sepatutnya mengambil masa kira-kira 8 minit.

l) Masukkan strawberi beku ke dalam periuk dan biarkan ia mendidih. Biarkan sos sejuk. Tutup dan sejukkan sehingga sejuk. Langkah ini juga boleh disediakan satu hari ke hadapan.

m) Keluarkan pod vanila dari sos.

PERHIMPUNAN:

n) Potong antara kerak dan sisi kuali dengan pisau tajam kecil. Keluarkan bahagian tepi kuali.

o) Sudukan $\frac{1}{2}$ cawan sos strawberry-rhubarb di atas bahagian tengah torte.

p) Letakkan strawberi segar di tengah dan hiaskan dengan tangkai pudina segar.

q) Potong torte menjadi kepingan dan hidangkan dengan sos tambahan.

r) Nikmati Torte Ais Lemon anda dengan Sos strawberi rhubarb! Ia adalah pencuci mulut yang menyegarkan dan elegan.

29. Puding Awan Lemon-Rhubarb

BAHAN-BAHAN:
- 1 ¼ cawan Gula
- ¼ cawan Tepung jagung
- ¼ sudu teh Garam
- 1 ¼ cawan Air
- 4 biji Telur Besar
- 1 cawan Rhubarb Segar atau Beku yang dicincang
- 1 sudu besar Kulit Limau Parut
- ⅓ cawan Jus Lemon
- ¼ sudu teh Krim Tartar

ARAHAN:
a) Dalam periuk 2 liter, satukan ¼ cawan gula, tepung jagung, dan garam. Kacau air secara beransur-ansur dengan pemukul dawai sehingga tepung jagung tersebar secara seragam di dalam air.

b) Panaskan campuran di atas api sederhana, kacau sentiasa, sehingga mendidih dan pekat untuk membentuk konsistensi seperti puding. Keluarkan puding dari api.

c) Asingkan telur, letakkan putih dalam mangkuk bersaiz sederhana dan kuning dalam mangkuk kecil. Pukul kuning sedikit dan pukul sedikit puding. Kemudian, kembalikan adunan kuning ke dalam periuk puding, kacau sehingga sebati. Lipat dalam rhubarb yang dicincang.

d) Kembalikan campuran ke api sederhana dan panaskannya hingga mendidih, kacau sentiasa. Kecilkan api ke rendah dan teruskan memasak, kacau sekali-sekala, sehingga rhubarb lembut, yang sepatutnya mengambil masa kira-kira 5 minit.

e) Keluarkan puding dari api. Masukkan kulit limau parut dan jus lemon. Tuangkan puding ke dalam mangkuk cetek kalis ketuhar $1\frac{1}{2}$ liter atau hidangan kaserol.

f) Panaskan ketuhar anda hingga 350°F (175°C).

g) Menggunakan pengadun elektrik pada kelajuan tinggi, pukul putih telur yang dikhaskan dan krim tartar sehingga ia menjadi ringan dan gebu.

h) Pukul secara beransur-ansur dalam baki $\frac{1}{2}$ cawan gula sehingga membentuk meringue yang kaku, dan puncaknya mengekalkan bentuknya apabila pemukul dinaikkan perlahan-lahan.

i) Sapukan meringue ke atas puding, pastikan ia melekat pada tepi mangkuk. Anda boleh membuat puncak hiasan di atas meringue.

j) Bakar dalam ketuhar yang telah dipanaskan selama 12 hingga 15 minit atau sehingga meringue berwarna perang keemasan.

k) Anda boleh menghidangkan puding dalam keadaan hangat atau biarkan ia sejuk pada suhu bilik dan kemudian masukkan ke dalam peti sejuk untuk dihidangkan sejuk.

l) Nikmati Puding Awan Lemon-Rhubarb yang lazat! Ia adalah pencuci mulut yang menarik dengan keseimbangan sempurna rasa manis dan masam.

30. Pai tauhu limau ketumbar

BAHAN-BAHAN:
- 5 tangkai rhubarb, basuh,
- 1 epal Granny Smith, dikupas
- Sedozen strawberi besar
- 6 auns Tauhu pejal (kurang lemak).
- Jus $\frac{1}{2}$ lemon
- $\frac{1}{4}$ cawan + 2 T gula
- 2 sudu besar Tepung gandum
- 2 sudu teh Gula + 2 t gandum
- tepung

ARAHAN:
a) Dalam periuk nasi, masukkan sedikit air dan batang ketupat, dicincang. Masak bertutup selama beberapa minit. Masukkan epal kiub, strawberi, dan $\frac{1}{4}$ c gula

b) Haluskan tauhu dalam pemproses makanan atau pencincang, sehingga sangat halus. Masukkan jus lemon, 2 T gula, 2 T tepung gandum, dan proses sehingga sebati.

c) Alas loyang pai 8" dengan minyak, dan taburkan untuk menyaluti dengan gula dan bancuhan tepung gandum, kira-kira 2 t setiap satu. Sapukan adunan tauhu ke dalam tin pai. Bakar pada suhu 400 F selama beberapa minit.

d) Tuangkan campuran rhubarb ke dalam ayak halus, dan toskan jusnya. Tuangkan baki adunan rhubarb ke atas tauhu limau yang dibakar.

31. Lemon Sorbet

BAHAN-BAHAN:
- 1 cawan jus lemon yang baru diperah
- 1 cawan air
- 1 cawan gula pasir

ARAHAN:
a) Dalam periuk, satukan air dan gula. Panaskan dengan api sederhana sehingga gula larut sepenuhnya, menghasilkan sirap mudah.

b) Benarkan sirap mudah sejuk ke suhu bilik.

c) Campurkan jus lemon yang baru diperah dengan sirap ringkas.

d) Tuangkan adunan ke dalam pembuat aiskrim dan kisar mengikut arahan pengilang.

e) Pindahkan sorbet lemon ke dalam bekas kedap udara dan beku selama beberapa jam sehingga pejal.

f) Hidangkan satu sudu kecil sorbet lemon antara hidangan untuk membersihkan lelangit.

32. Mini Tarlet Lemon

BAHAN-BAHAN:

UNTUK KERANGKA TART:
- 1 ¼ cawan tepung serba guna
- ¼ cawan gula tepung
- ½ cawan mentega tanpa garam, sejuk dan kiub

UNTUK ISI LEMON:
- ¾ cawan gula pasir
- 2 sudu besar tepung jagung
- ¼ sudu teh garam
- 3 biji telur besar
- ½ cawan jus lemon yang baru diperah
- Perahan 2 biji lemon
- ¼ cawan mentega tanpa garam, dipotong dadu

ARAHAN:

a) Dalam pemproses makanan, satukan tepung dan gula tepung. Masukkan mentega sejuk, potong dadu dan nadi sehingga adunan menyerupai serbuk kasar.

b) Tekan adunan ke dalam kuali tartlet mini, tutup bahagian bawah dan tepi dengan rata. Cucuk bahagian bawah dengan garpu.

c) Sejukkan kulit tart di dalam peti sejuk selama kira-kira 30 minit.

d) Panaskan ketuhar anda hingga 350°F (175°C).

e) Bakar kulit tart selama 12-15 minit atau sehingga bertukar menjadi perang keemasan. Biarkan mereka sejuk sepenuhnya.

f) Dalam periuk, pukul bersama gula, tepung jagung, dan garam. Pukul telur, jus lemon dan kulit lemon secara beransur-ansur.

g) Masak campuran di atas api sederhana sederhana, kacau sentiasa sehingga ia pekat, kira-kira 5-7 minit.

h) Keluarkan dari api dan kacau dalam mentega kiub sehingga rata.

i) Isikan kulit tart yang telah disejukkan dengan isi lemon.

j) Sejukkan sekurang-kurangnya 1 jam sebelum dihidangkan. Secara pilihan, taburkan dengan gula tepung sebelum dihidangkan.

k) Nikmati Mini Lemon Tarlets anda!

33. Lemon Meringue Pie Parfaits

BAHAN-BAHAN:

- 4 putih telur besar
- 1 cawan gula pasir
- 1 sudu teh tepung jagung
- 1 sudu teh ekstrak vanila
- 1 ½ cawan dadih lemon
- 1 ½ cawan krim putar
- Kulit lemon untuk hiasan

ARAHAN:

a) Dalam mangkuk adunan yang bersih, pukul putih telur dengan kelajuan tinggi sehingga soft peak terbentuk.

b) Masukkan gula secara beransur-ansur sambil terus dipukul sehingga kaku, puncak berkilat terbentuk.

c) Masukkan tepung jagung dan ekstrak vanila perlahan-lahan.

d) Sudukan adunan meringue ke dalam piping bag yang dipasang dengan hujung bintang.

e) Dalam hidangan gelas atau mangkuk, lapiskan dadih lemon, krim putar dan meringue.

f) Ulangi lapisan sehingga gelas diisi, berakhir dengan lapisan meringue di atasnya.

g) Pilihan: Gunakan obor dapur untuk perangkan sedikit meringue.

h) Hiaskan dengan perahan lemon.

i) Hidangkan segera atau sejukkan sehingga sedia untuk dihidangkan.

j) Nikmati parfait pai meringue lemon anda!

34. Lemon dan Lavender Flan

BAHAN-BAHAN:
- 1 cawan gula
- 1 ½ cawan krim pekat
- ½ cawan susu penuh
- 6 biji telur besar
- ¼ sudu teh garam
- ¼ cawan jus lemon segar
- 1 sudu besar kulit limau
- 2 sudu teh bunga lavender kering
- Krim putar dan bunga lavender tambahan untuk dihidangkan

ARAHAN:
a) Panaskan ketuhar hingga 325°F.
b) Dalam periuk sederhana, panaskan gula dengan api sederhana, kacau sentiasa sehingga ia cair dan bertukar menjadi perang keemasan.
c) Tuangkan gula cair ke dalam acuan flan 9 inci, pusing-pusing untuk menyalut bahagian bawah dan tepi acuan.
d) Dalam periuk kecil, panaskan krim pekat, susu penuh, jus lemon, kulit limau dan bunga lavender di atas api sederhana, kacau sentiasa sehingga ia mendidih.
e) Dalam mangkuk yang berasingan, pukul bersama telur dan garam.
f) Perlahan-lahan tuangkan adunan krim panas ke dalam adunan telur, kacau sentiasa.
g) Tapis adunan melalui ayak berjaring halus dan tuangkan ke dalam acuan flan.
h) Letakkan acuan di dalam bekas pembakar yang besar dan isikan dengan air panas yang mencukupi sehingga separuh bahagian tepi acuan.

i) Bakar selama 50-60 minit atau sehingga flan ditetapkan dan bergoyang sedikit apabila digoncang.

j) Keluarkan dari ketuhar dan biarkan sejuk pada suhu bilik sebelum disejukkan selama sekurang-kurangnya 2 jam atau semalaman.

k) Untuk menghidang, letakkan pisau di sekeliling tepi acuan dan terbalikkan ke atas pinggan hidangan. Hidangkan bersama krim putar dan taburan bunga lavender.

# 35. Lemon Zabaglione

BAHAN-BAHAN:
- 2 biji telur besar
- 6 biji kuning telur besar
- 1 cawan gula
- 1 sudu besar parutan kulit limau
- $\frac{1}{4}$ cawan jus lemon segar
- $\frac{1}{2}$ cawan Madeira manis, krim sherry, atau port delima

ARAHAN:

a) Di bahagian atas dandang berganda, satukan keseluruhan telur, kuning telur dan gula. Pukul adunan sehingga menjadi ringan dan pekat.

b) Tambah kulit limau parut, jus lemon segar, dan pilihan Madeira manis, krim sherry atau port delima ke dalam adunan telur.

c) Letakkan dandang berganda di atas air reneh, pastikan bahagian bawah kuali bancuhan telur tidak menyentuh air reneh.

d) Teruskan pukul dan pukul adunan di atas air reneh sehingga isipadu tiga kali ganda dan menjadi panas apabila disentuh. Ini perlu mengambil masa beberapa minit.

e) Apabila zabaglione telah menebal dan meningkatkan jumlahnya, keluarkannya dari api.

f) Bahagikan lemon zabaglione di antara gelas bertangkai tinggi.

g) Hidangkan segera untuk menikmati kebaikan lemon yang menarik.

36.Kek Meyer Lemon Terbalik

BAHAN-BAHAN:

- ¼ cawan (57 gram) mentega tanpa garam
- ¾ cawan (165 gram) dibungkus gula perang ringan
- 3 biji limau meyer, dihiris setebal ¼ inci
- 1 ½ cawan (195 gram) tepung serba guna
- 1 ½ sudu teh serbuk penaik
- ¼ sudu teh baking soda
- ½ sudu teh garam halal
- ¼ sudu teh buah pala segar
- ½ sudu teh halia kisar
- ¼ sudu teh buah pelaga yang dikisar
- 1 cawan (200 gram) gula pasir
- 2 sudu kecil kulit lemon
- ½ cawan (114 gram) mentega tanpa garam, suhu bilik
- 2 sudu teh ekstrak vanila
- 2 biji telur besar, suhu bilik
- ¾ cawan mentega

ARAHAN:

a) Panaskan ketuhar hingga 350 darjah Fahrenheit (175 darjah Celsius). Letakkan loyang kek bulat 9 inci di dalam ketuhar dengan ¼ cawan mentega dipotong menjadi kepingan. Cairkan mentega dalam kuali sehingga cair. Sapu mentega cair ke atas bahagian tepi kuali menggunakan berus pastri. Taburkan gula perang muda yang dibungkus secara rata ke atas mentega cair.

b) Susun hirisan limau Meyer di atas gula perang, bertindih mengikut keperluan.

c) Dalam mangkuk sederhana, pukul bersama tepung serba guna, serbuk penaik, soda penaik, garam halal, buah pala segar, halia kisar dan buah pelaga sehingga sebati.

d) Dalam mangkuk pengadun berdiri, letakkan gula pasir. Masukkan perahan limau nipis di atas gula dan sapu perahan ke dalam gula menggunakan jari. Masukkan mentega tanpa garam suhu bilik dan ekstrak vanila ke dalam gula. Pukul adunan pada kelajuan sederhana sehingga ringan dan gebu, lebih kurang 3 hingga 4 minit.

e) Masukkan telur satu persatu, pukul sebati selepas setiap penambahan.

f) Masukkan separuh adunan tepung ke dalam adunan mentega dan gula. Gaul pada kelajuan rendah sehingga sebati. Mungkin ada sedikit tepung di tepi mangkuk, tidak mengapa.

g) Tuangkan buttermilk dan gaul pada kelajuan sederhana sehingga sebati.

h) Masukkan baki adunan tepung dan gaul pada kelajuan rendah sehingga sebati. Kikis bahagian tepi dan bawah mangkuk dengan spatula dan gaul selama 10 saat lagi untuk memastikan semua bahan sebati.

i) Tuangkan adunan perlahan-lahan ke atas hirisan limau dalam loyang kek dan ratakan bahagian atasnya dengan spatula offset.

j) Bakar kek dalam ketuhar yang telah dipanaskan selama lebih kurang 45 minit atau sehingga penguji kek keluar bersih apabila dimasukkan ke dalam bahagian tengah kek.

k) Biarkan kek sejuk dalam kuali selama 10 minit. Jalankan pisau di sekeliling tepi untuk melepaskan kek, kemudian terbalikkan ke atas pinggan. Hirisan limau Meyer yang dikaramelkan dengan cantik akan diletakkan di atas kek.

l) Nikmati Kek Meyer Lemon Upside-Down yang menarik ini dengan permata sitrusnya yang berkilauan di atasnya!

37. Periuk Lemon de Creme

BAHAN-BAHAN:
- 2 biji limau sederhana
- ⅔ cawan gula pasir
- 1 biji telur
- 4 biji kuning telur
- 1 ¼ cawan krim pekat
- 5 sudu teh gula manisan
- 6 candied violet (pilihan)

ARAHAN:

a) Panaskan ketuhar hingga 325°F (165°C).

b) Parut kulit dari lemon untuk mendapatkan kira-kira 1 sudu teh kulit lemon. Perah limau untuk mengeluarkan ½ cawan jus lemon.

c) Dalam mangkuk adunan, pukul bersama gula pasir, telur, dan kuning telur sehingga sebati.

d) Pukul krim berat secara beransur-ansur sehingga gula larut sepenuhnya.

e) Lulus adunan melalui penapis untuk memastikan kastard licin dan tidak berketul. Kacau dalam kulit limau untuk menyerap campuran dengan rasa lemon.

f) Letakkan enam ½ cawan periuk krim atau hidangan souffle ke dalam hidangan pembakar yang dalam.

g) Bahagikan adunan limau nipis di antara enam pinggan mangkuk de creme.

h) Berhati-hati tuangkan air paip panas ke dalam hidangan pembakar supaya berada dalam jarak ½ inci dari bahagian atas periuk. Mandi air ini akan membantu kastard masak dengan sekata.

i) Bakar kastard, tanpa penutup, dalam ketuhar yang telah dipanaskan selama kira-kira 35 hingga 40 minit, atau sehingga ia hanya diletakkan di bahagian tengah. Kastard hendaklah bergoyang sedikit di tengah apabila digoncang perlahan-lahan.

j) Setelah selesai, keluarkan periuk de creme dengan teliti dari tab mandi air dan ketepikan untuk menyejukkan sepenuhnya.

MENGHIDANG:

k) Sebelum dihidangkan, taburkan permukaan setiap kastard dengan gula kuih-muih untuk menambah sentuhan manis dan meningkatkan persembahan.

l) Secara pilihan, hiaskan setiap pot de creme dengan candied violet untuk sentuhan kemasan yang elegan dan berwarna-warni.

m) Hidangkan Lemon Pots de Creme sejuk dan nikmati rasa sitrus dan krim yang lazat.

38. Macarons Perancis Lemon

BAHAN-BAHAN:
UNTUK KERANGKA MACARON:
- 100 g tepung badam super halus
- 75 g gula tepung
- 70 g (1/3 cawan) putih telur, pada suhu bilik
- 1/4 sudu teh krim tartar, pilihan
- 1/4 sudu teh garam halal kasar
- 75 g gula pasir super halus
- 1/2 sudu teh jus lemon segar
- Pewarna makanan gel kuning
- 1 sudu kecil kulit lemon

UNTUK LEMON BUTTERCREAM:
- 80 g mentega tanpa garam, pada suhu bilik
- 130 g gula tepung, diayak
- 1 sudu besar jus lemon segar
- 1 sudu kecil kulit lemon
- 1/8 sudu teh garam halal kasar

ARAHAN:
UNTUK MEMBUAT KERANGKA MACARON:
a) Lapik 2 helai pembakar dengan kertas parchment atau tikar silikon. (Untuk peredaran udara yang sekata, terbalikkan loyang.)

b) Ayak tepung badam dan gula tepung bersama dua kali. Sekiranya terdapat sehingga 2 sudu besar bahan kering chunky yang tinggal di dalam penapis, anda tidak perlu menggantikannya; buang sahaja cebisan itu.

c) Dalam mangkuk adunan bersih dengan lampiran pukul, pukul putih telur pada kelajuan sederhana rendah sehingga berbuih.

d) Masukkan krim tartar dan garam ke dalam putih telur dan teruskan pukul.

e) Perlahan-lahan masukkan gula pasir satu sudu pada satu masa semasa pengadun berjalan. Biarkan gula larut selepas setiap penambahan.

f) Setelah meringue mencapai puncak lembut, tambah jus lemon dan beberapa titis pewarna makanan gel kuning.

g) Teruskan pukul putih telur pada kelajuan sederhana rendah sehingga puncak keras terbentuk. Meringue harus bebola di dalam whisk, dan apabila anda mengangkat whisk, ia harus memegang hujung runcing dan mempunyai rusuk yang tajam.

h) Masukkan kulit limau ke dalam meringue dan pukul selama 30 saat lagi atau lebih.

i) Ayak bancuhan tepung badam ke dalam meringue. Lipat bahan kering ke dalam meringue menggunakan spatula silikon sehingga sebati. Kemudian teruskan melipat adunan sehingga ia cukup cair untuk melukis angka lapan. Uji adunan dengan menjatuhkan sedikit ke dalam mangkuk; jika puncak larut ke dalam adunan dengan sendirinya dalam masa kira-kira 10 saat, ia sudah siap. Berhati-hati agar tidak terlalu melipat adunan.

j) Pindahkan adunan ke dalam beg pastri yang dipasang dengan hujung bulat.

k) Pegang beg pastri pada sudut 90° dan paipkan kira-kira 1.5-inci bulatan kira-kira satu inci pada loyang yang disediakan. Ketik lembaran pembakar dengan kuat di atas kaunter untuk menghilangkan sebarang buih udara.

l) Biarkan macarons duduk di atas kaunter selama sekurang-kurangnya 15-30 minit, sehingga adunan tidak melekat pada jari anda apabila disentuh sedikit.

m) Panaskan ketuhar hingga 300°F (150°C).

n) Bakar satu dulang macaron pada satu masa di atas rak tengah selama kira-kira 15-18 minit. Makaron yang telah dimasak hendaklah padat untuk disentuh dan alasnya tidak boleh bergerak.

o) Sejukkan macaron sepenuhnya dan kemudian keluarkan dari kertas parchment.

UNTUK MEMBUAT LEMON BUTTERCREAM:

p) Dalam mangkuk adunan dengan lampiran pukul, pukul mentega hingga kembang.

q) Masukkan gula tepung, jus lemon, kulit limau, dan garam, dan pukul sehingga sebati.

r) Pindahkan krim mentega ke dalam beg pastri yang dilengkapi sama ada hujung bulat atau hujung bintang.

UNTUK MEMASANG MACARON:

s) Pasangkan cangkerang macaron yang telah disejukkan mengikut saiz dan susunkannya pada rak dawai, dengan cangkerang bahagian bawah terbalik.

t) Sapukan sedikit krim mentega lemon pada kulit bawah dan letakkan cangkerang atas di atas inti, tekan perlahan untuk menyebarkan inti ke tepi.

u) Simpan macaron yang telah diisi dalam bekas kedap udara di dalam peti sejuk selama sekurang-kurangnya 24 jam untuk matang, membolehkan intinya lembut dan menyedapkan cangkerang.

v) Untuk menghidang, bawa macaron keluar kira-kira 30 minit sebelum dihidangkan.

w) Simpan macaron di dalam peti sejuk dalam bekas kedap udara sehingga 5 hari atau beku sehingga 6 bulan.

39. Tart Lemon Brûlée

BAHAN-BAHAN:
UNTUK KERAK:
- 1 ½ cawan serbuk keropok graham
- 6 sudu besar mentega tanpa garam, cair
- ¼ cawan gula pasir

UNTUK PENGISIAN:
- 4 biji kuning telur
- 1 tin (14 auns) susu pekat manis
- ½ cawan jus lemon segar
- 1 sudu besar parutan kulit limau

UNTUK TOPPING:
- Gula pasir, untuk karamel

ARAHAN:
a) Panaskan ketuhar anda hingga 350°F (175°C).

b) Dalam mangkuk, satukan serbuk keropok graham, mentega cair dan gula. Tekan adunan ke bahagian bawah dan atas sisi kuali tart.

c) Dalam mangkuk yang berasingan, pukul bersama kuning telur, susu pekat manis, jus lemon dan kulit limau sehingga sebati.

d) Tuangkan inti limau ke dalam kerak yang telah disediakan.

e) Bakar selama kira-kira 15-20 minit, atau sehingga inti ditetapkan.

f) Keluarkan dari ketuhar dan biarkan ia sejuk pada suhu bilik. Kemudian sejukkan sekurang-kurangnya 2 jam atau sehingga sejuk.

g) Sejurus sebelum dihidangkan, taburkan lapisan nipis gula pasir di atas tart. Gunakan obor dapur untuk karamelkan gula sehingga membentuk kerak rangup.

h) Biarkan gula mengeras selama beberapa minit, kemudian potong dan hidangkan.

40. Lemon Ice Brûlée dengan Toffee

BAHAN-BAHAN:

- 1 cawan krim berat
- 1 cawan susu penuh
- 4 biji kuning telur
- $\frac{1}{2}$ cawan gula pasir
- 1 sudu besar parutan kulit limau
- $\frac{1}{4}$ cawan jus lemon
- $\frac{1}{2}$ cawan ketul gula-gula
- Gula pasir, untuk karamel
- Raspberi, untuk dihidangkan

ARAHAN:

a) Dalam periuk, panaskan krim kental, susu penuh, dan kulit limau di atas api sederhana sehingga ia mula mendidih. Keluarkan dari haba.

b) Dalam mangkuk yang berasingan, pukul bersama kuning telur, gula, dan jus lemon sehingga sebati.

c) Perlahan-lahan tuangkan adunan krim panas ke dalam adunan kuning telur, pukul terus.

d) Kembalikan adunan ke dalam periuk dan masak dengan api perlahan, kacau sentiasa, sehingga ia pekat dan menutupi bahagian belakang sudu. Jangan biarkan ia mendidih.

e) Keluarkan dari haba dan biarkan campuran sejuk ke suhu bilik. Kemudian sejukkan sekurang-kurangnya 4 jam atau semalaman.

f) Tuangkan campuran sejuk ke dalam pembuat ais krim dan kisar mengikut arahan pengilang.

g) Semasa beberapa minit terakhir mengacau, tambahkan toffee bit dan teruskan mengaduk sehingga ia diedarkan secara sama rata.

h) Pindahkan aiskrim yang dikisar ke dalam bekas dan beku selama sekurang-kurangnya 2 jam untuk mengeras.

i) Sebelum dihidangkan, taburkan lapisan nipis gula pasir di atas setiap hidangan. Gunakan obor dapur untuk karamelkan gula sehingga membentuk kerak rangup.

j) Biarkan gula mengeras selama beberapa minit, kemudian hidangkan dan nikmati.

41.Gelato Dadih Lemon

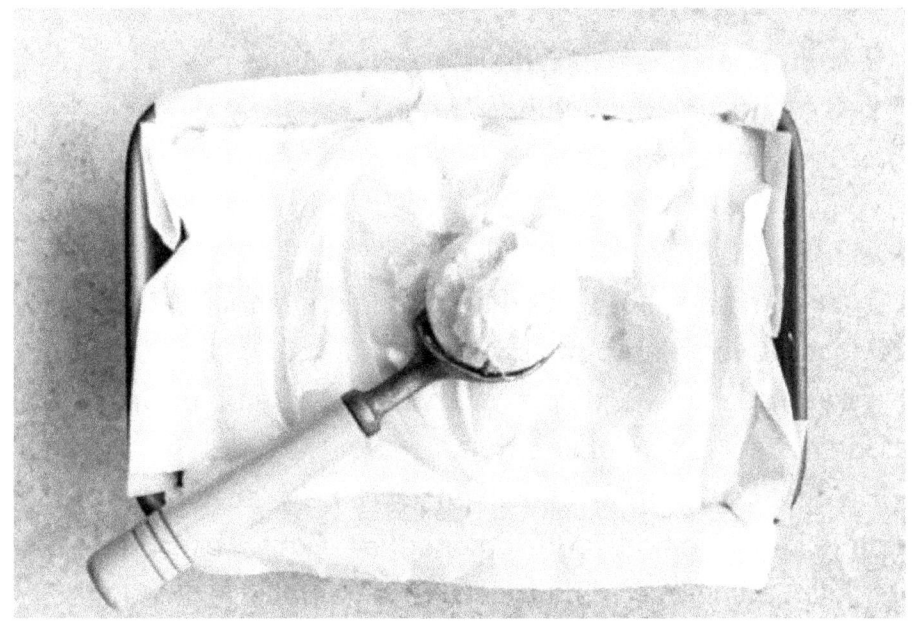

BAHAN-BAHAN:
- 500 ml Krim Ganda
- 395 ml tin Susu Pekat
- 2 sudu kecil Ekstrak Vanila
- 2 sudu besar Limoncello (pilihan)
- 320 gram Lemon Curd

ARAHAN:

a) Tuang krim, susu, dan vanila ke dalam mangkuk dan pukul sehingga puncak lembut terbentuk.

b) Tuang adunan ke dalam bekas beku kemudian masukkan ke dalam peti ais selama sejam.

c) Selepas satu jam keluarkan dari peti sejuk dan kacau dalam dadih lemon dan limoncello. Gaul rata kemudian masukkan semula ke dalam peti sejuk selama 4 jam lagi.

d) Keluarkan dari peti sejuk dan hidangkan.

42. Kek Lemon Sarang Lebah

BAHAN-BAHAN:
UNTUK KEK:
- 2 cawan tepung serba guna
- 2 sudu teh serbuk penaik
- $\frac{1}{2}$ sudu teh baking soda
- $\frac{1}{4}$ sudu teh garam
- $\frac{1}{2}$ cawan mentega tanpa garam, dilembutkan
- 1 cawan gula pasir
- 3 biji telur besar
- Perahan 2 biji lemon
- $\frac{1}{4}$ cawan jus lemon segar
- $\frac{1}{2}$ cawan buttermilk
- $\frac{1}{4}$ cawan madu
- 1 sudu teh ekstrak vanila

UNTUK PENGISIAN SARANG MADU:
- 1 cawan gula-gula sarang lebah, dihancurkan menjadi kepingan kecil

UNTUK LEMON GLAZE:
- 1 cawan gula tepung
- 2 sudu besar jus lemon segar

ARAHAN:
a) Panaskan ketuhar anda hingga 350°F (175°C). Gris dan tepung dalam loyang kek bulat 9 inci.

b) Dalam mangkuk sederhana, pukul bersama tepung, serbuk penaik, soda penaik, dan garam. Mengetepikan.

c) Dalam mangkuk adunan besar, pukul bersama mentega lembut dan gula pasir sehingga ringan dan gebu.

d) Pukul telur satu persatu, diikuti dengan kulit limau dan jus lemon.

e) Masukkan buttermilk, madu, dan ekstrak vanila ke dalam adunan mentega, dan gaul sehingga sebati.

f) Masukkan bahan kering secara beransur-ansur ke dalam bahan basah, gaul sehingga sebati. Berhati-hati agar tidak terlalu bercampur.

g) Tuang separuh adunan kek ke dalam loyang kek yang telah disediakan, ratakan.

h) Taburkan gula-gula sarang lebah yang telah dihancurkan ke atas adunan, memastikan pengedaran sekata.

i) Tuangkan baki adunan kek ke atas lapisan gula-gula sarang lebah, ratakan untuk menutup inti.

j) Bakar dalam ketuhar yang telah dipanaskan selama 30-35 minit, atau sehingga pencungkil gigi yang dimasukkan ke dalam bahagian tengah keluar bersih.

k) Keluarkan kek dari ketuhar dan biarkan ia sejuk dalam kuali selama 10 minit, kemudian pindahkan ke rak dawai untuk menyejukkan sepenuhnya.

l) Semasa kek sejuk, sediakan sayu limau dengan pukul bersama gula tepung dan jus lemon segar sehingga rata.

m) Setelah kek sejuk, taburkan sayu lemon di atas kek.

n) Hiris dan hidangkan Kek Lemon Honeycomb yang lazat.

43. Mousse dadih lemon

BAHAN-BAHAN:
- ½ cawan krim kental
- ½ cawan dadih lemon, disediakan
- Beri biru segar, dibilas dan dikeringkan
- Tangkai pudina segar, untuk hiasan

ARAHAN:

a) Dengan pemukul sejuk pukul krim berat sehingga pekat. Lipat krim putar ke dalam dadih lemon.

b) Sama ada campurkan mousse lemon menjadi beri biru.

c) Atau, lapisan mousse, beri biru segar dan mousse dalam gelas wain; hiaskan dengan pudina segar.

44. Lemon Semifreddo

BAHAN-BAHAN:
- 4 biji kuning telur
- ½ cawan gula pasir
- 1 cawan krim berat
- Perahan 2 biji lemon
- 1 sudu besar daun rosemary segar, dicincang halus

ARAHAN:
a) Dalam mangkuk adunan besar, pukul bersama kuning telur dan gula sehingga pucat dan berkrim.

b) Dalam mangkuk yang berasingan, pukul krim kental sehingga soft peak terbentuk.

c) Perlahan-lahan lipat kulit limau dan rosemary cincang ke dalam krim putar.

d) Masukkan adunan krim putar secara beransur-ansur ke dalam adunan kuning telur, lipat perlahan-lahan sehingga sebati.

e) Tuangkan adunan ke dalam loyang roti atau ramekin individu.

f) Bekukan sekurang-kurangnya 6 jam atau semalaman.

g) Untuk menghidangkan, keluarkan dari peti ais dan biarkan ia berada pada suhu bilik selama beberapa minit sebelum dihiris.

45. Sandwic Aiskrim Lemon

BAHAN-BAHAN:
- 1 ½ cawan tepung serba guna
- ½ sudu teh baking soda
- ¼ sudu teh garam
- ½ cawan mentega tanpa garam, dilembutkan
- ½ cawan gula pasir
- ½ cawan gula perang yang dibungkus
- 1 biji telur besar
- 1 sudu teh ekstrak vanila
- Perahan 1 lemon
- 1 liter aiskrim lemon

ARAHAN:
a) Panaskan ketuhar anda kepada 375°F (190°C) dan alaskan loyang dengan kertas parchment.

b) Dalam mangkuk, pukul bersama tepung, soda penaik, dan garam.

c) Dalam mangkuk adunan yang berasingan, pukul mentega lembut, gula pasir, dan gula perang sehingga ringan dan gebu. Masukkan telur, ekstrak vanila, dan kulit lemon, dan gaul sehingga sebati.

d) Masukkan bahan kering sedikit demi sedikit ke dalam adunan mentega dan gaul sehingga sebati. Perlahan-lahan lipat dalam beri biru segar.

e) Titiskan satu sudu besar doh yang dibulatkan ke atas loyang yang disediakan, jarakkannya kira-kira 2 inci. Ratakan sedikit setiap bebola doh dengan tapak tangan anda.

f) Bakar selama 10-12 minit atau sehingga bahagian tepi berwarna perang keemasan. Benarkan biskut sejuk sepenuhnya.

g) Ambil satu sudu ais krim lemon dan letakkan di antara dua biskut.

h) Letakkan sandwic aiskrim di dalam peti sejuk selama sekurang-kurangnya 1 jam untuk mengeras sebelum dihidangkan.

GLAZE DAN FROSTING

46. Lemon Glaze

BAHAN-BAHAN:
- 1 cawan gula tepung
- 2 sudu besar jus lemon yang baru diperah
- 1 sudu kecil kulit lemon

ARAHAN:

a) Dalam mangkuk kecil, pukul bersama gula tepung, jus lemon dan kulit limau hingga rata.

b) Laraskan konsistensi dengan menambah lebih banyak gula tepung atau jus lemon mengikut keperluan.

c) Tuangkan sayu lemon ke atas pencuci mulut anda dan biarkan ia ditetapkan sebelum dihidangkan.

47. Raspberry Lemonade Glaze

BAHAN-BAHAN:
- 1 cawan gula tepung
- 2 sudu besar puri raspberi (tapis)
- 1 sudu besar jus lemon yang baru diperah
- Kulit lemon (pilihan, untuk hiasan)

ARAHAN:

a) Dalam mangkuk kecil, pukul bersama gula tepung, puri raspberi, dan jus lemon sehingga rata.

b) Laraskan konsistensi dengan menambah lebih banyak gula tepung atau puri raspberi mengikut keperluan.

c) Siramkan sayu limau raspberi ke atas pencuci mulut anda dan taburkan dengan kulit limau, jika dikehendaki.

d) Biarkan sayu mengeras sebelum dihidangkan.

48. Lemon Butter Frosting

BAHAN-BAHAN:
- 1 cawan mentega tanpa garam, dilembutkan
- 4 cawan gula halus
- 2 sudu besar jus lemon yang baru diperah
- 1 sudu besar kulit limau
- 1 sudu teh ekstrak vanila

ARAHAN:
a) Dalam mangkuk adunan, krim mentega lembut sehingga licin.

b) Masukkan gula tepung secara beransur-ansur, kira-kira 1 cawan pada satu masa, dan gaul rata selepas setiap penambahan.

c) Masukkan jus lemon, kulit lemon, dan ekstrak vanila ke dalam adunan mentega. Gaul sehingga sebati dan berkrim.

d) Laraskan konsistensi dengan menambah lebih banyak gula tepung untuk pembekuan yang lebih keras atau lebih banyak jus lemon untuk pembekuan yang lebih nipis.

e) Sapukan atau paipkan pembekuan mentega lemon pada kek atau kek cawan yang telah disejukkan.

49. Pembekuan Biji Popi Lemon

BAHAN-BAHAN:
- 1 cawan mentega tanpa garam, dilembutkan
- 4 cawan gula halus
- 2 sudu besar jus lemon yang baru diperah
- 2 sudu kecil kulit lemon
- 1 sudu besar biji popia

ARAHAN:

a) Dalam mangkuk adunan, krim mentega lembut sehingga licin.

b) Masukkan gula tepung secara beransur-ansur, satu cawan pada satu masa, dan teruskan pukul sehingga sebati.

c) Masukkan jus lemon, kulit limau, dan biji popia. Gaul sehingga sebati.

d) Sapukan atau paipkan pembekuan biji popia lemon pada kek atau kek cawan yang telah disejukkan.

LEMONAD

50. Limau Perah Segar Klasik

BAHAN-BAHAN:
- Jus daripada 8 biji limau besar
- 6 cawan air
- $1\frac{1}{4}$ cawan gula pasir
- 1 lemon, dihiris

ARAHAN :

a) Dalam periuk besar, satukan jus lemon dengan air dan gula.

b) Kacau sehingga gula larut. Sejukkan sehingga sejuk, kira-kira 1 jam.

c) Tuangkan air limau ke atas ais, dan tambahkan hirisan lemon pada setiap gelas sebelum dihidangkan.

51. Limau Limau Merah Jambu

BAHAN-BAHAN:
- 50g sirap kastor emas
- ¼ sudu teh garam Himalaya atau kasar laut
- 4 buah limau gedang merah jambu Florida, dijus, dengan hirisan tambahan untuk dihidangkan
- 2 biji lemon, dijus

ARAHAN:

a) Dalam periuk kecil, satukan sirap kastor emas dan 100ml air. Bawa adunan hingga mendidih, kacau untuk melarutkan gula. Ketepikan supaya sejuk.

b) Dalam jag besar, masukkan 400ml air dan tambahkan ais.

c) Tuangkan sirap gula yang telah disejukkan ke atas ais dan air di dalam jag.

d) Masukkan garam Himalaya atau garam laut kasar, jus limau gedang merah jambu yang baru diperah dan jus lemon ke dalam jag.

e) Kacau adunan dengan baik untuk menggabungkan semua bahan.

f) Hidangkan Limau Limau Merah Jambu dalam gelas, dihiasi dengan hirisan limau gedang merah jambu untuk hidangan sitrus yang menyegarkan dan pedas. Nikmati!

52. Mimosa Lemonade Raspberi

BAHAN-BAHAN:
- 3 auns champagne
- 3 auns air limau raspberi
- Taburan gula merah jambu atau merah
- 2-3 raspberi segar

ARAHAN:

a) Untuk membelek gelas: Tuangkan sedikit air limau raspberi ke atas pinggan atau mangkuk cetek. Lakukan perkara yang sama dengan taburan gula merah jambu atau merah pada pinggan berasingan.

b) Celupkan rim seruling champagne ke dalam air limau raspberi, pastikan untuk menyalut seluruh rim.

c) Kemudian, celupkan rim kaca yang bersalut ke dalam gula berwarna untuk mencipta rim gula hiasan.

d) Tuangkan air limau raspberi dan champagne ke dalam gelas yang disediakan dan kacau perlahan-lahan untuk mencampurkan rasa.

e) Letakkan 2-3 raspberi segar ke dalam koktel untuk mendapatkan lebih banyak kebaikan buah.

f) Hidangkan Raspberry Lemonade Mimosas anda dan nikmati koktel yang menarik dan menyegarkan ini semasa makan tengah hari anda bersama gadis-gadis.

53. Penyembur Lemonade Strawberi

BAHAN-BAHAN:
- 1 cawan strawberi segar, dikupas dan dihiris
- ½ cawan jus lemon segar
- ¼ cawan gula pasir
- 2 cawan air berkilau
- kiub ais
- Daun pudina segar untuk hiasan

ARAHAN:
a) Dalam pengisar, satukan strawberi, jus lemon, dan gula. Kisar hingga sebati.

b) Tapis adunan melalui ayak jaring halus untuk mengeluarkan sebarang biji.

c) Isikan gelas dengan kiub ais dan tuangkan campuran strawberi-lemon ke atas ais.

d) Teratas setiap gelas dengan air berkilauan dan kacau perlahan-lahan.

e) Hiaskan dengan daun pudina segar dan hidangkan.

54. Limau Buah Naga

BAHAN-BAHAN:
- 1 buah naga besar- daging merah jambu atau putih, dibuang kulitnya
- 5 cawan air
- $\frac{1}{2}$ cawan nektar agave atau sirap maple
- 1 cawan jus lemon yang baru diperah

ARAHAN:

a) Blend buah naga dengan 1 cawan air sehingga tekstur yang dikehendaki.

b) Pindahkan campuran buah naga ke dalam periuk limau dan tambah baki 4 cawan air, jus lemon dan pemanis. Kacau, rasa, dan laraskan pemanis dan/atau air, jika perlu.

c) Boleh dihidangkan segera di atas gelas berisi kiub ais.

d) Simpan di dalam peti ais untuk sejuk dan kacau rata sebelum dihidangkan. Nikmati!

55. Kiwi Lemonade

BAHAN-BAHAN:
- 4 buah kiwi, dikupas
- 12-auns tin pekat limau beku, dicairkan
- 3 cawan minuman limau limau berkarbonat, sejuk

ARAHAN:

a) Potong kiwi menjadi kepingan.

b) Proseskan ketulan buah-buahan dan pekat limau dalam pemproses makanan sehingga licin.

c) Tuangkan adunan melalui penapis wire mesh ke dalam periuk yang membuang pepejal.

d) Kacau dalam minuman limau nipis sejurus sebelum dihidangkan.

56. Lemonade Kefir Raspberi

BAHAN-BAHAN:
- ½ cawan raspberi beku segar atau dicairkan
- ⅔ cawan jus lemon yang baru diperah
- ½ cawan sirap agave
- 3 cawan kefir

ARAHAN:
a) Letakkan semua bahan dalam pengisar berkelajuan tinggi dan kisar sehingga rata.

b) Tapis melalui ayak plastik ke dalam periuk. Hidangkan atas ais.

c) Akan disimpan selama 2 hari di dalam peti ais.

57. Raspberi dan Limau Adas

BAHAN-BAHAN:
- 8 auns air
- 8 auns raspberi + tambahan untuk hiasan
- 4 sudu besar gula
- 1 sudu teh biji adas
- jus 2 biji lemon
- air sejuk

ARAHAN:
a) Dalam periuk atau periuk, gabungkan raspberi dengan gula, biji adas, dan air dan rebus dengan api sederhana.
b) Masak sehingga raspberi menjadi lembut.
c) Biarkan ia sejuk pada suhu bilik.
d) Kisar campuran raspberi kepada puri halus. Tapis dan campurkan jus lemon.
e) Hidangkan, atasnya dengan air sejuk.
f) Hiaskan dengan raspberi yang dikhaskan.

58. Lemonade Plum

BAHAN-BAHAN:
- 32 auns air, dibahagikan
- 2-3 biji bunga lawang
- 10 auns gula
- 3 buah plum merah segar, diadu
- 2 biji lemon, digosok dan dibelah dua
- Kiub ais, untuk dihidangkan

ARAHAN:
a) Dalam periuk, satukan 16 auns (2 cawan) air dan bunga lawang.

b) Didihkan dan biarkan mendidih selama beberapa minit untuk menyelitkan air dengan perisa bunga lawang. Keluarkan dari haba dan biarkan ia sejuk.

c) Dalam periuk berasingan, buat sirap ringkas dengan menggabungkan gula dengan baki 16 auns (2 cawan) air.

d) Panaskan di atas api sederhana, kacau sehingga pemanis larut sepenuhnya. Keluarkan dari haba dan biarkan ia sejuk.

e) Setelah kedua-dua air yang diselitkan bunga lawang dan sirap ringkas telah disejukkan, gabungkan dalam periuk.

f) Dalam pengisar, haluskan buah plum merah yang telah dilubangi sehingga halus.

g) Perah jus dari limau nipis yang dibelah dua ke dalam pengisar dengan puri plum.

h) Masukkan campuran plum dan lemon ke dalam periuk dengan air yang diselit bunga lawang dan sirap ringkas. Kacau semuanya dengan baik.

i) Sejukkan air limau plum sehingga ia benar-benar sejuk.

j) Untuk menghidangkan, isi gelas dengan kiub ais dan tuangkan air limau plum ke atas ais. Hiaskan dengan hirisan plum tambahan, hirisan lemon, atau bunga lawang jika dikehendaki.

k) Nikmati Plum Lemonade buatan sendiri anda, minuman yang menarik dan menyegarkan dengan kelainan yang unik!

59. Limau Delima

BAHAN-BAHAN:
- ½ cawan sirap ringkas atau pemanis agave
- ½ cawan jus lemon
- 1 cawan jus delima
- 1 cawan air sejuk
- 1 cawan ais hancur
- Secubit garam

UNTUK RIM:
- 1 biji lemon
- ¼ sudu teh jintan panggang
- 1 sudu teh gula
- ⅛ sudu teh garam

ARAHAN:
a) Dalam mangkuk adunan, kacau bersama sirap ringkas (atau pemanis agave), jus lemon, jus delima, secubit garam dan air sejuk sehingga sebati.

b) Tuangkan adunan ke dalam periuk berisi ais yang telah dihancurkan.

c) Untuk rim gelas anda, ambil hirisan lemon dan gosokkan di sekeliling rim kaca untuk disalut dengan lapisan nipis jus lemon.

d) Di atas pinggan, campurkan jintan panggang, gula, dan garam.

e) Celupkan rim kaca ke dalam bancuhan jintan manis-gula-garam dan putar untuk menyalut rim.

f) Tuangkan Lemonade Delima anda yang baru dibuat ke dalam kaca berbingkai.

g) Hidangkan Lemonade Pomegranate Lemonade anda yang bersemangat dan manis dengan segera, dan nikmati sentuhan menyegarkan pada limau klasik dengan tambahan buah delima yang menarik!

60. Lemonade Ceri

BAHAN-BAHAN:
- 1 paun ceri masam segar (ketepikan sedikit untuk hiasan)
- 2 cawan gula
- 8 cawan air
- 6 hingga 8 biji lemon, ditambah tambahan untuk hiasan

ARAHAN:

a) Dalam periuk sederhana, satukan ceri masam, gula, dan 3 cawan air.

b) Reneh selama 15 minit, kemudian biarkan ia sejuk ke suhu bilik.

c) Tapis adunan melalui penapis jaringan halus.

d) Perah lemon secukupnya untuk menghasilkan 1 $\frac{1}{2}$ cawan jus lemon.

e) Satukan jus ceri, jus lemon, dan kira-kira 5-6 cawan air sejuk (sesuaikan dengan citarasa anda).

f) Kacau rata, dan jika mahu, tambahkan hirisan lemon nipis dan ceri segar untuk menambah selera.

61. Lemonade Blueberry

BAHAN-BAHAN:

- 2 cawan beri biru segar, ditambah tambahan untuk hiasan
- 1 cawan jus lemon yang baru diperah
- $\frac{1}{2}$ cawan gula pasir
- $\frac{1}{4}$ sudu teh garam
- 4 cawan air

ARAHAN:

a) Dalam pengisar, satukan beri biru segar, jus lemon, gula pasir dan garam.

b) Proses adunan sehingga sebati, yang sepatutnya mengambil masa kira-kira 45 saat.

c) Tuangkan campuran yang telah dikisar melalui penapis jaringan halus ke dalam periuk besar untuk mengeluarkan sebarang pepejal; buang pepejal.

d) Masukkan air hingga sebati.

e) Bahagikan limau beri biru di antara 8 gelas berisi ais dan hiaskan dengan beri biru tambahan jika mahu.

f) Nikmati limun blueberry buatan sendiri yang menyegarkan!

62. Jus Pear Berduri Limau Berkilauan

BAHAN-BAHAN:
- Jus 4 biji lemon
- ⅓ cawan sirap pir berduri sejuk
- 2 cawan air sejuk berkilauan
- ½ cawan gula

ARAHAN:
a) Dalam bekas, satukan jus lemon yang baru diperah sejuk, sirap pir berduri sejuk, dan air berkilau sejuk. Kacau sebati untuk memastikan adunan sekata.

b) Hidangkan air limau berkilauan di atas ais, dan jika mahu, hiaskan setiap gelas dengan sepotong lemon.

c) Nikmati Jus Pear Berduri yang menyegarkan Lemonade - minuman yang benar-benar segar dan menyelerakan!

63. Limau Anggur Hitam

BAHAN-BAHAN:
- 4 cawan anggur hitam tanpa biji
- 1 ½ cawan gula, dibahagikan
- 7-8 cawan air sejuk, dibahagikan
- Perahan 3 biji lemon
- Jus 7 biji limau (kira-kira 1 cawan)

ARAHAN:

a) Dalam periuk besar, satukan anggur hitam, 1 cawan air, 1 cawan gula, dan kulit limau.

b) Didihkan campuran ini dengan api sederhana sambil tumbuk anggur semasa ia lembut.

c) Setelah semua anggur telah dilecek, biarkan adunan itu mendidih perlahan-lahan selama 10-15 minit tambahan untuk mengeluarkan lebih banyak warna daripada kulit anggur.

d) Keluarkan periuk dari haba dan tapis campuran, buang pepejal.

e) Masukkan campuran anggur ke dalam periuk kera.

f) Masukkan jus lemon dan baki air sejuk dan gula. Rasa dan laraskan jumlah air dan gula mengikut kesukaan anda.

g) Sejukkan adunan sehingga ia sejuk. (Ia menghasilkan rasa yang lebih berani pada hari berikutnya.)

h) Hidangkan air limau anggur hitam segar anda di atas ais dan rasai rasa yang menyegarkan!

i) Nikmati ciptaan buatan sendiri yang menarik ini.

64. Lemonade Laici

BAHAN-BAHAN:
- 20 laici
- 1 sudu besar Jus Lemon
- 6 Daun Pudina
- ¼ sudu teh Garam Hitam
- 4 Kiub Ais

ARAHAN:

a) Kupas semua laici, keluarkan biji, dan letakkannya dalam pengisar atau pengisar pengadun. Campurkan mereka ke dalam jus pekat.

b) Dalam gelas, kacau beberapa daun pudina dengan jus lemon dan garam hitam.

c) Masukkan kiub ais ke dalam gelas dan tuangkan jus laici. Kacau rata sebelum dihidangkan.

d) Hiaskan air limau laici anda dengan hirisan lemon di sebelah.

e) Nikmati Lychee Lemonade buatan sendiri anda yang menyegarkan, mocktail India yang menarik!

65. Epal dan Kale Lemonade

BAHAN-BAHAN:
- 1 cawan bayam
- $\frac{1}{2}$ kapur
- 1 biji lemon
- 1 keping halia (segar)
- 2 batang saderi (buang daunnya)
- 2 biji epal hijau
- 4 helai daun kubis

ARAHAN :

a) Basuh semua buah-buahan dan sayur-sayuran kemudian gunakan tuala kertas untuk mengeringkannya.

b) Kupas limau nipis, lemon, halia, dan epal.

c) Potong semua bahan menjadi kepingan yang sesuai dengan pelongsor penyusuan pemerah jus anda.

d) Letakkan kepingan buah dan sayur dalam pemerah jus anda. Tekan pemerah jus sehingga jus segar mula mengalir. Membuat jus bahan bergantung pada jenis pemerah jus yang anda miliki.

66. limau ketumbar

BAHAN-BAHAN:

- 4 cawan air
- ½ cawan sirap maple
- 1 paun rhubarb (dikupas jika perlu, dicincang)
- 3 cawan air panas
- kiub ais
- Hiasan: hirisan oren atau tangkai pudina

ARAHAN:

a) Didihkan 4 cawan air dalam periuk; keluarkan dari api, pukul dalam sirap maple, dan ketepikan untuk menyejukkan.

b) Dalam pemproses makanan, putar ketupat yang dicincang sehingga ia menjadi pulpa.

c) Dalam besen sederhana, tuangkan 3 cawan air panas ke atas pulpa rhubarb dan tutup.

d) Letakkan ayak di atas air sirap maple di dalam periuk. Tapis pulpa rhubarb ke dalam campuran air sirap Maple menggunakan ayak. Untuk menggabungkan cecair rhubarb dan air sirap Maple, pukul mereka bersama-sama. Isi periuk kera separuh dengan air.

e) Tuangkan koktel ke dalam empat gelas tinggi yang diisi dengan ketulan ais.

f) Hidangkan dengan hirisan oren atau setangkai pudina sebagai hiasan.

67. Limau Lobak

BAHAN-BAHAN:
- 1 cawan lobak, dipotong dan dicincang
- 4 cawan air
- $\frac{1}{2}$ cawan jus lemon yang baru diperah
- $\frac{1}{4}$ cawan madu atau pemanis pilihan
- kiub ais
- Daun pudina segar untuk hiasan

ARAHAN:

a) Dalam pengisar, satukan lobak dan air. Kisar hingga sebati.

b) Tapis adunan melalui ayak jaring halus ke dalam periuk kera.

c) Masukkan jus lemon dan madu ke dalam periuk dan kacau sehingga sebati.

d) Hidangkan di atas kiub ais dan hiaskan dengan daun pudina segar.

68. Timun Lemonade Delight

BAHAN-BAHAN:
- 1 ½ cawan jus lemon yang baru diperah, dengan tambahan untuk hiasan
- 1 cawan timun yang dikupas dan dibiji, dengan tambahan untuk hiasan
- 1 cawan gula pasir (atau gula kelapa)
- 6 cawan air (dibahagikan)
- ais

ARAHAN:
a) Mulakan dengan memerah lemon.
b) Kupas timun dan keluarkan bijinya menggunakan sudu. (Jika anda menggunakan timun Inggeris, anda boleh melangkau langkah ini.)
c) Masukkan timun, gula, dan 2 cawan air suam ke dalam pengisar. Kisar sehingga anda mencapai konsistensi yang licin. Tapis campuran melalui ayak mesh halus ke dalam periuk, menggunakan spatula untuk menolak cecair. Buang pulpa; ini mungkin mengambil masa beberapa minit untuk diselesaikan.
d) Pada periuk yang mengandungi campuran timun, tambahkan 4 cawan air sejuk dan jus lemon yang baru diperah.
e) Masukkan beberapa genggam ais dan hidangkan. Jika mahu, hiaskan dengan hirisan timun tambahan dan hirisan lemon.
f) Nikmati kebaikan menyegarkan air limau timun!

69. Minty Kale Lemonade

BAHAN-BAHAN:
- 500 ml atau 2 cawan air limau (atau anda boleh menggantikan jus oren)
- 1 batang kangkung
- Segenggam kecil daun pudina
- 6 ketul ais

ARAHAN:

a) Keluarkan batang dari kangkung dan koyakkannya. Masukkan semua bahan termasuk kiub ais ke dalam pengisar.

b) Kisar sehingga adunan licin dan berbuih, dan warnanya hijau seragam.

c) Tuangkan ramuan yang menyegarkan ke dalam gelas, dan untuk sentuhan tambahan, tambahkan kiub ais dan sebiji kapur.

d) Nikmati Minty Kale Lemonade anda yang menyegarkan!

70. Bit Lemonade

BAHAN-BAHAN:
- 2 bit bersaiz sederhana, dimasak dan dikupas
- 1 cawan jus lemon yang baru diperah (dari kira-kira 6-8 biji lemon)
- ½ cawan gula pasir (sesuai selera)
- 4 cawan air sejuk
- kiub ais
- Hirisan lemon dan daun pudina untuk hiasan (pilihan)

ARAHAN:
a) Anda boleh memasak bit dengan merebus atau memanggangnya. Untuk mendidih, letakkan dalam periuk air, masak sehingga mendidih, dan reneh selama kira-kira 30-40 minit sehingga ia empuk.

b) Untuk memanggang, bungkusnya dalam kerajang aluminium dan panggang dalam ketuhar pada 400°F (200°C) selama kira-kira 45-60 minit sehingga empuk.

c) Biarkan bit masak sejuk, kemudian kupas dan potong menjadi kepingan.

d) Letakkan bit yang dimasak dan dicincang dalam pengisar atau pemproses makanan.

e) Kisar sehingga anda mempunyai puri bit halus. Anda boleh menambah satu atau dua sudu air jika perlu untuk membantu mengadun.

f) Perah limau secukupnya untuk mendapatkan 1 cawan jus lemon segar.

g) Dalam periuk, satukan puri bit, jus lemon yang baru diperah dan gula pasir.

h) Kacau sehingga gula larut sepenuhnya.

i) Masukkan 4 cawan air sejuk dan gaul rata. Sesuaikan gula dan jus limau secukup rasa.

j) Sejukkan air limau bit sehingga ia betul-betul sejuk.
k) Hidangkan di atas ketulan ais dalam gelas.
l) Secara pilihan, hiaskan setiap gelas dengan sepotong lemon dan setangkai pudina segar.

71. Limau Kacang Rama-rama

BAHAN-BAHAN:
- 1½ cawan air
- 1 cawan gula kastor
- ¼ cawan bunga kacang rama-rama kering
- air limau

ARAHAN:

a) Didihkan air dan gula kastor dalam periuk kecil. Rebus selama 5 minit.

b) Keluarkan dari haba. Masukkan bunga kacang rama-rama biru kering, kemudian masukkan ke dalam peti sejuk untuk menyejukkan sepenuhnya.

c) Masukkan ais ke dalam gelas, dan tuangkan sirap biru untuk mengisi separuh. Tuangkan air limau untuk mengisi gelas. Hidangkan sejuk.

72. Lemonade Lavender

BAHAN-BAHAN:

- 2 cawan air (untuk membuat sirap mudah)
- 1 cawan gula
- 2 sudu besar lavender kering ATAU 6 bunga lavender segar
- 1 cawan jus lemon yang baru diperah
- 1 cawan air sejuk
- Ais untuk dihidangkan

ARAHAN:

a) Mulakan dengan menyediakan Sirap Mudah Lavender. Secara ringkas, satukan 2 cawan air, gula, dan lavender dalam periuk dan renehkan sehingga menyusut.

b) Dalam periuk atau bahagikan sama kepada dua gelas, gabungkan jus lemon yang baru diperah, air sejuk dan ais.

c) Masukkan sirap mudah lavender. Sesuaikan rasa manis mengikut citarasa anda. Jika terlalu masam, tambahkan lebih banyak sirap mudah; jika terlalu manis, masukkan jus lemon dan air tambahan.

d) Hidangkan segera. Perlu diingat bahawa ais akan cair dengan cepat dan mungkin mencairkan sedikit rasa limau lavender, jadi nikmatilah dengan segera!

73. Air Limau Mawar

BAHAN-BAHAN:
- 1 ½ cawan jus lemon yang baru diperah
- 1 cawan air mawar
- 1 cawan gula pasir putih
- 4-6 cawan air, ikut citarasa anda
- hirisan lemon untuk hiasan
- Kelopak mawar yang boleh dimakan gred makanan untuk hiasan
- Pilihan: Ais mengikut pilihan anda

ARAHAN:

a) Dalam dispenser atau periuk minuman yang luas, campurkan 1 ½ cawan jus lemon yang baru diperah, air mawar (1 cawan air mawar digabungkan dengan 1 cawan gula putih pasir) dan 4-6 cawan air.

b) Kacau sebati untuk sebati. Sejukkan sehingga sedia untuk dihidangkan.

c) Jika dikehendaki, hiaskan air limau anda dengan hirisan lemon dan kelopak mawar tambahan.

d) Hidangkan Rosewater Lemonade anda dengan atau tanpa ais, mengikut citarasa anda. Nikmati!

74. Lavender dan Lemonade Kelapa

BAHAN-BAHAN:
LIMAU
- 1 ½ cawan jus lemon yang baru diperah
- 1 ¾ cawan gula
- 8 cawan air kelapa
- 4 cawan air

SIRAP SIMPLE LAVENDER
- 2 cawan gula
- 1 ½ cawan air
- 3 sudu besar lavender kering
- Beberapa titis pewarna makanan ungu pilihan

ARAHAN:
SIRAP SIMPLE LAVENDER

a) Dalam periuk sederhana berdasar berat, satukan gula, air dan lavender kering.

b) Didihkan adunan dengan api yang tinggi dan biarkan mendidih selama 1 minit.

c) Keluarkan periuk dari api, tutupnya, dan biarkan lavender meresap ke dalam sirap selama 20 minit.

d) Tapis sirap melalui ayak mesh halus untuk mengeluarkan lavender. Jika mahu, tambahkan beberapa titis pewarna makanan ungu untuk memberikan limun warna ungu.

e) Ketepikan sirap lavender untuk menyejukkan. Setelah sejuk, pindahkan ke dalam bekas kedap udara dan sejukkan sehingga satu minggu.

LIMAU LAVENDER KELAPA

f) Dalam periuk, satukan jus lemon yang baru diperah, gula, air kelapa, dan air.

g) Goncang atau kacau dengan kuat sehingga semua gula larut sepenuhnya. Menggoncang lebih disukai kerana ia membantu mengudarakan air limau.

h) Tuang separuh daripada sirap lavender ke dalam periuk dan kacau. Laraskan jumlah sirap lavender mengikut citarasa anda, tambah lebih atau kurang seperti yang dikehendaki.

i) Nikmati air limau kelapa yang diselitkan lavender yang menyegarkan!

75. Lemonad Lilac Segar e

BAHAN-BAHAN:
- 7-10 biji lemon, ditambah tambahan untuk hiasan dan hirisan
- 1 ½ cawan gula pasir
- 8 ½ cawan air
- ais
- 2-3 kepala bunga ungu segar

ARAHAN:

a) Potong limau anda kepada separuh dan perah mereka menggunakan pemerah sitrus. Anda perlu mendapatkan 1 ½ cawan jus lemon.

b) Keluarkan biji dan pulpa daripada jus lemon anda menggunakan ayak berjaring halus. Sejukkan jus.

c) Rendam tangkai ungu segar anda dalam air sejuk selama sekurang-kurangnya 2 jam atau semalaman.

d) Buat sirap anda dengan menambah 1 cawan air kepada 1 ½ cawan gula dalam periuk. Panaskan hingga mendidih, kacau sentiasa sehingga gula larut sepenuhnya. Keluarkan dari haba dan sejukkan.

e) Potong satu lemon menjadi medallion dan tambahkannya ke dalam periuk kera anda.

f) Masukkan bunga ungu, jus lemon, sirap, dan 7 cawan air ke dalam periuk. Kacau hingga sebati.

76. Hibiscus Lemonade

BAHAN-BAHAN:
UNTUK SIRAP MUDAH:
- 1 cawan gula pasir
- 2 cawan air
- $\frac{1}{2}$ cawan bunga bunga raya kering

UNTUK LEMONADE:
- 5 cawan air sejuk
- 2 cawan jus lemon
- 1 biji lemon, dihiris nipis
- kiub ais
- Pudina segar untuk hiasan

ARAHAN:
MEMBUAT SIRAP MUDAH:
a) Dalam periuk kecil yang diletakkan di atas api sederhana tinggi, satukan gula, 2 cawan air, dan bunga bunga raya kering.
b) Didihkan campuran, kacau sehingga gula larut sepenuhnya.
c) Keluarkan dari haba dan biarkan ia sejuk selama 10 hingga 15 minit.
d) Tapis sirap melalui ayak berjaring halus, tekan ke bawah pada bunga dengan belakang sudu untuk mengeluarkan rasa mereka. Buang bunga raya yang telah digunakan.
MENYEDIAKAN LEMONADE:
e) Dalam periuk 2 liter, satukan air sejuk, jus lemon dan sirap bunga raya yang telah disejukkan. Kacau rata hingga sebati.
f) Masukkan hirisan lemon ke dalam periuk.
g) Letakkan beberapa ketul ais dan sepotong lemon dalam gelas tinggi.

h) Isikan setiap gelas dengan campuran limau bunga raya.
i) Teratas setiap hidangan dengan setangkai pudina segar dan sajikan dengan penyedut minuman.

77. Lemonade Basil

BAHAN-BAHAN:

- $1\frac{1}{4}$ cawan jus lemon yang baru diperah, ditambah hirisan lemon untuk hiasan
- $\frac{1}{2}$ cawan madu atau sirap agave
- 1 cawan daun selasih segar yang dibungkus rapat, dengan tambahan untuk hiasan
- 3 cawan air sejuk
- kiub ais

ARAHAN:

a) Satukan jus lemon, madu (atau agave), dan selasih dalam pengisar. Kisar sehingga adunan menjadi sangat licin.

b) Tapis adunan ke dalam periuk atau balang besar untuk mengeluarkan sebarang pepejal.

c) Masukkan air dan sejukkan sehingga sedia untuk dihidangkan.

d) Hidangkan di atas ais, dihiasi dengan hirisan lemon dan daun selasih segar. Nikmati!

78. limau ketumbar

BAHAN-BAHAN:
- 1 ½ cawan jus lemon segar
- 1 liter air mendidih
- ½ cawan ketumbar, dicuci dan dicincang
- 2 jalapenos, dibiji dan dicincang
- Madu secukup rasa

ARAHAN:
a) Untuk memulakan, tuangkan air mendidih ke atas jalapenos dan ketumbar.
b) Biarkan sejuk selama lebih kurang 4 jam.
c) Masukkan jus lemon dan madu secukup rasa.

79. Limau Borage-Infused

BAHAN-BAHAN:
- 1/4 cawan jus lemon yang baru diperah
- 2 sudu besar gula (sesuai selera)
- 4 helai daun borage
- 2 cawan air

ARAHAN:
a) Masukkan semua bahan ke dalam pengisar.
b) Kisar selama kira-kira 30 saat sehingga sebati.
c) Tapis campuran di atas sejumlah besar ais ke dalam gelas tinggi.
d) Hiaskan air limau anda dengan bunga borage untuk sentuhan tambahan rasa dan kecantikan.

80. Lemon Verbena Lemonade

BAHAN-BAHAN:
- 2 ½ paun nanas segar, dikupas, dibuang inti dan dicincang
- 2 cawan jus lemon yang baru diperah
- 1 ½ cawan gula pasir
- 40 helai daun verbena limau besar
- 4 cawan air

ARAHAN:
a) Dalam pengisar besar, satukan nanas cincang, jus lemon, gula, dan daun lemon verbena.
b) Tutup penutup dan pukul adunan 10 atau 12 kali untuk mula memecahkan bahan. Kemudian, jalankan pengisar sehingga adunan menjadi licin. Anda mungkin perlu bekerja secara berkelompok jika pengisar anda tidak cukup besar.
c) Tapis adunan yang dikisar melalui ayak berjaring halus ke dalam -periuk 2 liter atau lebih besar. Gunakan bahagian belakang sudu untuk menekan pepejal melalui penapis. Anda harus mempunyai sekurang-kurangnya 4 cawan cecair.
d) Tuangkan air dan kacau hingga sebati.
e) Hidangkan Nenas Lemon Verbena Lemonade dalam gelas berisi kiub ais, dan hiaskan setiap gelas dengan tangkai lemon verbena untuk sentuhan kesegaran dan rasa tambahan. Nikmati!

81. Lemonade Rosemary

(1 cawan setiap satu)

BAHAN-BAHAN:
- 2 cawan air
- 2 tangkai rosemary segar
- $\frac{1}{2}$ cawan gula
- $\frac{1}{2}$ cawan madu
- 1-$\frac{1}{4}$ cawan jus lemon segar
- 6 cawan air sejuk
- kiub ais
- hirisan lemon tambahan dan tangkai rosemary segar (pilihan)

ARAHAN:
a) Dalam periuk kecil, masak 2 cawan air hingga mendidih, kemudian masukkan tangkai rosemary. Kecilkan api dan reneh, bertutup, selama 10 minit.

b) Keluarkan dan buang tangkai rosemary. Masukkan gula dan madu hingga larut sepenuhnya. Pindahkan campuran ini ke dalam periuk dan sejukkan selama 15 minit.

c) Masukkan jus lemon segar dan kacau dalam air sejuk.

d) Hidangkan limau rosemary di atas ais. Jika dikehendaki, hiaskan dengan hirisan lemon tambahan dan tangkai rosemary segar untuk sentuhan tambahan rasa dan persembahan.

e) Nikmati Rosemary Lemonade anda yang menyegarkan, sentuhan menarik pada limau klasik!

82. Lemongrass Lemonade

BAHAN-BAHAN:
- 1½ cawan gula
- 8½ cawan air, dibahagikan
- 1 tiub Pes Kacau Serai
- 1 cawan jus lemon segar
- kiub ais

ARAHAN:
a) Dalam periuk, satukan 1½ cawan gula dan 1½ cawan air. Panaskan campuran di atas api sederhana, kacau sehingga gula larut sepenuhnya. Ini menghasilkan sirap mudah.

b) Tambah Pes Kacau Serai Gourmet Garden™ ke dalam sirap ringkas, dan gaul rata untuk menyelitkan rasa serai.

c) Dalam bekas yang berasingan, satukan jus lemon segar, sirap ringkas yang diselit serai dan baki 7 cawan air. Kacau adunan sebati.

d) Sejukkan Lemongrass Lemonade di dalam peti sejuk untuk memastikan ia sedap dan sejuk.

e) Semasa menghidangkan, tuangkan Lemongrass Lemonade ke atas kiub ais dalam gelas.

f) Nikmati Lemongrass Lemonade yang unik dan menyegarkan ini dengan rasa serai yang menarik!

83. Hibiscus Basil Lemonade

BAHAN-BAHAN:

- 2 auns Vodka
- 1 auns Jus Lemon Segar
- 1 auns Sirap Bunga Raya
- 3-4 Daun Basil
- Kelab Soda
- kiub ais
- Roda lemon kering dan daun selasih untuk hiasan

ARAHAN:

a) Dalam shaker koktel, gabungkan vodka, jus lemon segar, sirap bunga raya, dan daun selasih.

b) Perlahan-lahan kacau daun selasih untuk mengeluarkan rasa mereka.

c) Masukkan kiub ais ke dalam penggoncang dan goncang kuat-kuat sehingga adunan benar-benar sejuk.

d) Tapis koktel ke dalam gelas Collins yang diisi dengan kiub ais.

e) Hiaskan minuman dengan soda kelab ke tahap pening yang anda inginkan.

f) Hiaskan Hibiscus Basil Lemonade anda dengan roda lemon kering dan beberapa helai daun selasih segar.

g) Nikmati koktel yang meriah dan menyegarkan ini dengan gabungan rasa bunga raya, selasih dan lemon yang menarik!

84. Lemonade Lumut Laut

BAHAN-BAHAN:
- 5 biji lemon
- 4 sudu besar Gel lumut laut
- 3 Cawan Air
- 1 Cawan Sirap Mudah Madu
- 1 Cawan Air Lumut Laut

ARAHAN:
a) Buat Gel Lumut Laut
b) Campurkan jus lemon dan air Lumut Laut
c) Tambah Gel Lumut Laut
d) Tambah sirap mudah madu
e) Gaul rata dan nikmati!

85. Spirulina Lemonade

BAHAN-BAHAN:
- 4 cawan Air
- 4 biji Lemon besar, diperah
- ½ cawan Agave Nectar
- 1 sudu teh E3 Live Blue Spirulina
- 1 secubit Garam

ARAHAN:

a) Basuh lemon dan potong dua. Menggunakan penekan sitrus atau tangan anda, perah jus lemon ke dalam mangkuk, keluarkan sebarang biji. Anda perlu mendapatkan kira-kira 1 cawan jus lemon segar.

b) Pukul bersama nektar agave dengan jus lemon sehingga sebati.

c) Dalam periuk besar, satukan air, jus agave/lemon, spirulina biru dan secubit garam. Kacau sehingga sebati dan serbuk spirulina telah larut.

d) Sejukkan atau tuangkan ke atas ais dan nikmati!

86. Lemonade yang Diselit Rumpai Laut

BAHAN-BAHAN:

- 1 auns Jus Lemon
- 3 sengkang Umami Bitters
- 0.5 auns Seltzer
- 0.5 auns Vodka
- 1 cawan Gula
- 1 cawan Cuka
- 1 cawan Air

ARAHAN:

a) Mulakan dengan membuat Renek Rumpai Laut. Dalam periuk, panaskan gula, air, cuka, dan gula kelp sehingga ia panas tetapi tidak mendidih. Biarkan ia curam selama 10-15 minit. Biarkan ia sejuk dan tapis ke dalam gelas.

b) Masukkan Renek Rumpai Laut, pahit umami, jus lemon, dan seltzer ke dalam gelas.

c) Hiaskannya dengan percikan vodka pilihan anda.

d) Masukkan ais, kacau perlahan-lahan, dan hiaskan dengan roda limau.

e) Nikmati Lemonade yang Diserap Rumpai Laut anda yang menyegarkan!

87. Lemonade Chlorella

BAHAN-BAHAN:

- ½ sudu teh Chlorella
- Jus 1 lemon organik
- ½ hingga 1 sudu teh madu mentah
- Air mata air yang ditapis atau air mineral berkilauan
- kiub ais
- Lemon wedges untuk hiasan
- Pilihan: 1 sudu teh halia yang baru diparut

ARAHAN:

a) Dalam gelas, gabungkan Chlorella, jus lemon yang baru diperah, dan madu mentah menggunakan pemukul atau sudu sehingga anda mencapai adunan yang licin.

b) Masukkan kiub ais dan hirisan lemon ke dalam gelas.

c) Isi gelas dengan air pilihan anda, sama ada air mata air yang ditapis untuk rasa yang lebih lembut atau air mineral berkilauan untuk sedikit dentuman.

d) Jika dikehendaki, tambahkan halia yang baru diparut untuk lapisan tambahan rasa dan manfaat kesihatan.

e) Kacau rata untuk menggabungkan semua bahan.

f) Teguk dan nikmati Chlorella Lemonade yang menyegarkan dan sangat menghidratkan ini. Ia adalah cara terbaik untuk meningkatkan tenaga dan pemakanan anda sambil kekal segar!

88. Matcha Green Tea Lemonade

BAHAN-BAHAN:
- 2 cawan air panas
- ½ sudu teh serbuk teh hijau Epic Matcha
- 1 cawan gula tebu tulen
- ½ cawan jus lemon yang diperah segar
- 1 ½ liter air sejuk

ARAHAN:

a) Dalam periuk besar, kacau serbuk teh hijau Matcha dan gula ke dalam air panas sehingga kedua-duanya larut sepenuhnya.

b) Setelah Matcha dan gula dibubarkan, masukkan jus lemon (atau limau) yang baru diperah ke dalam adunan.

c) Tuangkan 1 ½ liter air sejuk dan kacau rata untuk menggabungkan semua bahan.

d) Letakkan periuk kera di dalam peti sejuk dan biarkan Matcha Green Tea Lemonade (atau Limeade) sejuk selama sekurang-kurangnya 30 minit.

e) Apabila sudah cukup sejuk, kacau rata, dan sedia untuk dihidangkan.

f) Tuangkan minuman yang menyegarkan ke dalam gelas dengan ketulan ais dan hiaskan dengan hirisan lemon atau limau jika mahu.

g) Nikmati Matcha Green Tea Lemonade atau Limeade buatan sendiri anda, gabungan sitrus yang menarik dan kebaikan matcha!

89.Kopi Ais Lemonade

BAHAN-BAHAN:
UNTUK LEMONADE:
- $\frac{1}{2}$ cawan jus lemon segar (kira-kira 3-4 biji lemon)
- $\frac{1}{4}$ cawan gula pasir (sesuaikan dengan rasa)
- $\frac{1}{2}$ cawan air sejuk

UNTUK KOPI:
- 1 cawan kopi yang dibancuh, disejukkan ke suhu bilik atau disejukkan
- $\frac{1}{2}$ cawan susu (anda boleh menggunakan susu tenusu atau bukan tenusu pilihan anda)
- 1-2 sudu besar susu pekat manis (sesuaikan selera)
- kiub ais

ARAHAN:
a) Mulakan dengan membuat air limau. Dalam periuk, satukan jus lemon segar dan gula pasir. Kacau rata sehingga gula larut sepenuhnya.

b) Tambah $\frac{1}{2}$ cawan air sejuk ke dalam campuran lemon dan kacau hingga sebati. Rasa dan laraskan kemanisan atau kepahitan dengan menambah lebih banyak gula atau jus lemon mengikut keperluan.

c) Dalam bekas yang berasingan, sediakan kopi yang dibancuh anda. Anda boleh menggunakan kaedah tuangkan, akhbar Perancis atau sebarang kaedah membuat kopi pilihan. Biarkan kopi sejuk pada suhu bilik atau sejukkan di dalam peti sejuk.

d) Setelah kopi siap, masukkan ke dalam periuk yang berasingan. Tuangkan susu pilihan anda dan susu pekat manis secukup rasa. Kacau rata hingga sebati. Laraskan rasa manis mengikut kesukaan anda dengan menambah lebih banyak susu pekat manis jika mahu.

e) Isikan dua gelas dengan ketulan ais.

f) Tuangkan campuran kopi yang disediakan ke atas kiub ais, mengisi setiap gelas kira-kira separuh.

g) Seterusnya, tuangkan air limau buatan sendiri ke atas campuran kopi dalam setiap gelas, mengisi seluruh gelas.

h) Kacau perlahan-lahan untuk menggabungkan rasa.

i) Hiaskan dengan hirisan lemon atau setangkai pudina jika mahu.

j) Hidangkan Lemonade Kopi Ais yang menyegarkan serta-merta dan nikmati gabungan rasa kopi dan air limau yang menarik.

k) Pilihan: Anda juga boleh menambah percikan sirap berperisa, seperti vanila atau karamel, untuk lapisan tambahan rasa manis dan rasa.

l) Eksperimen dengan nisbah limau kepada kopi mengikut citarasa anda. Nikmati!

90. Lemonade Earl Grey

BAHAN-BAHAN:
- 4 uncang teh Earl Grey
- 1 cawan (236 ml) jus lemon segar
- 3 sudu besar madu (atau secukup rasa)
- kiub ais
- Hirisan lemon dan oren untuk hiasan
- Daun pudina segar untuk hiasan

ARAHAN:
a) Mulakan dengan menambah uncang teh Earl Grey pada jag atau periuk kera kalis haba.
b) Tuangkan 4 cawan air mendidih ke atas uncang teh dan biarkan ia curam selama 4-5 minit. Kemudian, keluarkan uncang teh.
c) Kacau dalam madu semasa teh masih panas untuk membolehkan ia cair dan sebati dengan cecair. Biarkan campuran sejuk ke suhu bilik.
d) Apabila teh telah sejuk, kacau dalam jus lemon segar. Rasa campuran dan laraskan kemanisan dengan menambah lebih banyak madu jika dikehendaki.
e) Isikan gelas dengan ketulan ais.
f) Tuangkan air limau Earl Grey ke atas ais dalam setiap gelas.
g) Hiaskan minuman menyegarkan anda dengan hirisan lemon dan oren, dan tambahkan beberapa daun pudina segar untuk rasa dan aroma tambahan.
h) Hidangkan Earl Grey Lemonade anda pada hari musim panas yang panas untuk menikmati gabungan menarik teh yang diselitkan bergamot dan air limau pedas.
i) Duduk, berehat dan nikmati rasa tart, masam dan lazat minuman menyegarkan ini.

91. Lemonade Teh Hitam pic

BAHAN-BAHAN:

- 1 pic bersaiz sederhana masak, dibuang kulit
- ½ lemon
- 2 cawan teh hitam (atau teh hijau jika suka)
- 2 sudu besar sirap ringkas (arahan di atas)
- 1 cawan ais kiub

ARAHAN:

a) Mulakan dengan memerah jus daripada separuh lemon dan ketepikan.

b) Potong pic masak menjadi kepingan dan masukkan ke dalam pengisar.

c) Masukkan jus lemon yang dikhaskan, teh hitam (atau teh hijau jika anda suka), dan sirap ringkas ke dalam pengisar. Laraskan jumlah sirap ringkas mengikut citarasa anda; tambah lagi jika anda lebih suka minuman yang lebih manis.

d) Kisar semua bahan sehingga anda mendapat adunan yang licin dan sebati.

e) Tapis adunan yang telah dikisar ke dalam jag atau periuk dengan ketulan ais yang banyak atau ais yang dihancurkan.

f) Hidangkan Peach Black Tea Lemonade buatan sendiri anda dengan segera untuk minuman musim panas yang menyegarkan dan manis.

92. Chai Raspberry Lemonade

BAHAN-BAHAN:
- $\frac{3}{4}$ cawan Ais
- 1 auns Lemonade Concentrate, 7+1, dicairkan
- 1 auns Sirap Raspberi
- 2 auns Teh Chai Latte Asli
- 6 auns Lemon-Lime Soda
- 2 Raspberi Merah segar
- 1 keping Lemon, dipotong dan dihiris

ARAHAN:
a) Basuh tangan anda dan semua hasil segar yang tidak dibungkus di bawah air yang mengalir. Toskan dengan baik.
b) Letakkan ais dalam gelas minuman 16 auns.
c) Tuangkan pekat limau, sirap raspberi, pekat teh chai, dan soda limau limau ke atas ais, dan gaul sebati dengan sudu bar yang dikendalikan panjang.
d) Lidi raspberi atau petik.
e) Hiris separuh bahagian limau yang telah dihiris.
f) Letakkan lidi lemon dan raspberi yang dihiris pada tepi kaca.
g) Nikmati Chai Raspberry Lemonade anda!

93. Lemonade Kombucha

BAHAN-BAHAN:
- 1¼ cawan jus lemon yang baru diperah
- 15 cawan teh hijau atau oolong kombucha

ARAHAN:

a) Tuangkan 2 sudu besar jus lemon ke dalam setiap botol 16 auns.

b) Menggunakan corong, isikan botol dengan kombucha, tinggalkan kira-kira 1 inci ruang kepala dalam setiap kesesakan.

c) Tutup botol dengan ketat.

d) Letakkan botol di lokasi yang hangat, kira-kira 72°F, untuk ditapai selama 48 jam.

e) Sejukkan 1 botol selama 6 jam, sehingga betul-betul sejuk.

f) Buka botol dan rasa kombucha. Jika ia berbuih untuk kepuasan anda, sejukkan semua botol untuk menghentikan penapaian.

g) Setelah kemeriahan dan kemanisan yang anda idamkan tercapai, sejukkan semua botol untuk menghentikan penapaian.

h) Tapis sebelum dihidangkan untuk membuang dan membuang sebarang helai yis yang masih ada.

94. Lemonade Epal Berempah

BAHAN-BAHAN:
- 3 biji limau
- 1 inci halia
- 1 genggam daun pudina segar
- $\frac{1}{2}$ biji vanila
- 2 biji buah pelaga
- 1 batang kayu manis
- 2 buah beri lada sulah
- 2 biji bunga lawang
- $\frac{1}{2}$ cawan gula
- $2\frac{1}{2}$ cawan jus epal tanpa ditapis

ARAHAN:
a) Perah jus daripada lemon.
b) Kupas halia dan hiris nipis.
c) Keluarkan daun dari pudina.
d) Belah kacang vanila memanjang, dan hancurkan buah pelaga.
e) Dalam periuk, satukan halia, jus lemon, daun pudina, buah pelaga yang dihancurkan, batang kayu manis, buah beri lada sulah, bunga lawang, gula, dan 200 ml (kira-kira 7 auns) air. Panaskan adunan, tetapi berhati-hati supaya ia tidak mendidih.
f) Biarkan adunan meresap selama 15 minit untuk membenarkan rasa sebati.
g) Lulus campuran yang diselitkan melalui penapis halus untuk mengeluarkan bahan pepejal. Biarkan cecair sejuk.
h) Setelah cecair telah sejuk, campurkan jus epal sejuk yang tidak ditapis dan kacau dengan baik untuk menggabungkan.

i) Tuangkan Lemonade Epal Berempah ke dalam gelas dan hidangkan.

95. Limau Kunyit

BAHAN-BAHAN:
- 1 akar kunyit dikupas dan diparut
- Jus 2 biji lemon
- 4 cawan air
- 1 sudu besar atau secukup rasa madu/sirap maple
- 1 sudu besar daun pudina dihiris

ARAHAN:

a) Kupas dan parut akar kunyit.

b) Masukkan 1 cawan air ke dalam periuk kecil.

c) Masukkan kunyit parut, biarkan mendidih dengan api sederhana, kemudian tutup api.

d) Tapis untuk mendapatkan cecair jernih dan ketepikan untuk menyejukkan.

e) Dalam periuk, satukan jus lemon, madu, dan air kunyit.

f) Kacau untuk sebati, dan rasa, dan tambah lebih banyak madu atau jus lemon jika perlu.

g) Masukkan daun pudina yang dicincang, dan kiub ais dan kacau sekali lagi dengan baik.

h) Hidangkan Lemonade Kunyit sejuk.

96. Lemonade Masala

BAHAN-BAHAN:
- 3 biji lemon, dijus
- 1 cawan Gula
- 4 cawan Air
- $\frac{1}{2}$ inci Halia, ditumbuk
- 1 sudu kecil serbuk jintan manis
- $\frac{1}{4}$ sudu teh serbuk lada hitam
- 1 sudu teh Garam Hitam
- Segenggam Daun Pudina
- 1 secubit Soda masak (pilihan)

ARAHAN:

a) Dalam mangkuk, perah jus dari lemon.

b) Pada jus lemon, tambah gula, halia yang dihancurkan, dan daun pudina segar. Tambah 1 gelas air.

c) Campurkan semuanya dengan baik sehingga gula larut sepenuhnya.

d) Tapis jus untuk mengeluarkan sebarang pulpa atau zarah pepejal.

e) Kepada jus yang ditapis, tambah serbuk lada hitam, serbuk jintan manis, dan garam hitam. Campurkan semuanya dengan teliti.

f) Masukkan kiub ais ke dalam adunan untuk menyejukkannya.

g) Jika anda lebih suka air limau bergas, anda boleh menambah secubit soda masak.

h) Hidangkan Masala Lemonade yang menyegarkan dan berperisa ini dalam gelas semasa waktu minum teh atau dengan snek malam. Nikmati gabungan rempah dan lemon yang menarik!

97. Limau Berempah Chai

BAHAN-BAHAN:
- 2½ cawan air
- ¼ cawan sirap maple (atau madu, atau sirap agave)
- 1 sudu besar akar halia segar yang dicincang
- 3 biji buah pelaga hijau, retak
- 4 ulas keseluruhan
- 1 batang kayu manis kecil
- ½ cawan jus lemon yang baru diperah

ARAHAN:

a) Dalam periuk sederhana di atas api sederhana, biarkan air mendidih. Biarkan ia mendidih selama 2 minit, tidak bertutup.

b) Masukkan sirap maple, halia cincang, buah pelaga yang dipecahkan, bunga cengkih, dan batang kayu manis ke dalam air mendidih. Kacau rata dan biarkan adunan mendidih. Kacau sekali sekala.

c) Keluarkan periuk dari api dan tutupnya dengan penutup. Biarkan adunan berehat selama 20 minit untuk membolehkan rempah meresap.

d) Tapis cecair yang diselitkan melalui beberapa lapisan kain tipis atau penapis jaringan halus ke dalam balang pengetinan besar atau jag untuk mengeluarkan rempah.

e) Sejukkan cecair yang ditapis sehingga ia menjadi sejuk sepenuhnya.

f) Masukkan jus lemon yang baru diperah.

g) Hidangkan Lemonade Berempah Chai di atas ais. Untuk sentuhan yang lebih menyegarkan, anda boleh menambah percikan air berkilauan atau semangat, jika mahu.

h) Mana-mana air limau yang tinggal boleh disimpan dalam peti sejuk sehingga 3 hari atau dibekukan untuk penyimpanan yang lebih lama. Nikmati sentuhan unik dan berperisa pada limun ini!

98. Lemonade Sos Panas

BAHAN-BAHAN:
- Soda kelab 1 liter
- 2 cawan rum putih
- 6-auns tin pekat limau beku
- $\frac{1}{4}$ cawan jus lemon segar
- 1 sudu teh sos panas
- Ais hancur, seperti yang dikehendaki

ARAHAN:

a) Dalam periuk, kacau perlahan-lahan soda kelab, rum putih, pekat limau beku, jus lemon segar dan sos panas.

b) Tuangkan bancuhan limau pedas ke dalam gelas berisi ais hancur.

c) Hidangkan Lemonade Pedas yang menyegarkan dan pedas ini di perjumpaan rakan dan keluarga anda yang seterusnya untuk minuman yang menarik dan tidak dapat dilupakan.

d) Nikmati dengan penuh tanggungjawab!

99. Lemonade Berempah India

BAHAN-BAHAN:
UNTUK SIRAP MUDAH:
- 1 cawan gula
- 1 cawan air
- Perahan jus lemon (untuk mengelakkan penghabluran)

UNTUK LEMONADE:
- Sirap ringkas (secukup rasa)
- 1 cawan jus lemon atau limau nipis yang baru diperah
- 4 cawan air sejuk
- Biji jintan panggang dan dihancurkan (pilihan)
- Serpihan garam laut (pilihan, untuk rimming kaca)

HIASAN:
- Daun pudina segar (pilihan)
- Daun verbena lemon segar (pilihan)
- Daun selasih segar (pilihan)

ARAHAN:
MEMBUAT SIRAP MUDAH:
a) Dalam periuk di atas api sederhana sederhana, satukan 1 cawan gula dan 1 cawan air.

b) Tambah perahan jus lemon ke dalam campuran untuk mengelakkan penghabluran.

c) Kacau adunan dan biarkan masak sehingga gula larut sepenuhnya.

d) Keluarkan periuk dari api dan biarkan sirap mudah sejuk.

MEMBUAT LEMONADE:
e) Dalam periuk, campurkan 1 cawan lemon atau jus limau nipis yang baru diperah dengan 4 cawan air sejuk.

f) Masukkan sirap ringkas secukup rasa. Laraskan kemanisan mengikut pilihan anda dengan menambah lebih kurang sirap ringkas.

MENGHIDANG:

g) Jika mahu, anda boleh merapikan kaca dengan kepingan garam laut untuk rasa tambahan.

h) Sapukan hirisan limau nipis atau limau di sekeliling tepi kaca untuk melembapkannya.

i) Celupkan rim yang telah dilembapkan ke dalam pinggan dengan kepingan garam laut untuk mengelilingi kaca.

j) Isi gelas dengan ketulan ais.

k) Tuangkan bancuhan Lemonade ke atas kiub ais di dalam gelas.

l) Hiaskan Lemonade Berempah India anda dengan daun pudina segar, daun verbena lemon atau daun selasih, jika dikehendaki.

100. Titisan Lemon Lavender

BAHAN-BAHAN:
- 2 auns Vodka yang diselitkan Lavender
- 1 auns Triple Sec
- ½ auns jus lemon segar
- Tangkai lavender untuk hiasan

VODKA YANG DIINFUSKAN LAVENDER:
- ¼ cawan tunas lavender masakan kering
- 1 cawan vodka

ARAHAN:
VODKA YANG DIINFUSKAN LAVENDER
a) Dalam balang kaca yang bersih, gabungkan tunas lavender masakan kering dan vodka.

b) Tutup balang dan biarkan ia berada di tempat yang sejuk dan gelap selama kira-kira 24-48 jam untuk diselitkan. Rasa sekali-sekala untuk memastikan ia mencapai tahap rasa lavender yang anda inginkan.

c) Setelah diselitkan mengikut citarasa anda, tapis vodka melalui penapis jaringan halus atau kain tipis untuk mengeluarkan tunas lavender. Pindahkan vodka yang diselitkan lavender kembali ke dalam botol atau balang yang bersih.

UNTUK TITIK LEMON LAVENDER:
d) Isi shaker koktel dengan ais.

e) Tambah 2 auns Vodka yang diselitkan Lavender, 1 auns Triple Sec dan ½ auns jus lemon segar ke dalam shaker.

f) Goncang dengan kuat sehingga sejuk.

g) Tapis adunan ke dalam gelas martini sejuk.

h) Hiaskan Lavender Lemon Drop anda dengan setangkai lavender segar.

i) Nikmati koktel Lavender Lemon Drop anda dengan nota bunga dan sitrusnya yang menarik!

KESIMPULAN

Sambil kami menamatkan perjalanan kami melalui "Teman Masakan Penggemar Lemon", kami berharap anda telah menikmati dunia yang segar dan beraroma hidangan yang diselitkan lemon. Lemon mempunyai keupayaan unik untuk mencerahkan dan menyerlahkan hidangan dengan pelbagai cara, dan anda kini telah menjadi maestro memanfaatkan keajaiban masakan mereka.

Kami menggalakkan anda untuk meneruskan penerokaan ciptaan inspirasi lemon, bereksperimen dengan resipi baharu dan berkongsi hidangan lazat anda dengan keluarga dan rakan. Setiap hidangan yang anda sediakan adalah bukti kegembiraan memasak dengan limau dan rasa bersemangat yang mereka bawa ke meja.

Terima kasih kerana menjadi sebahagian daripada pengembaraan masakan sitrus ini. Semoga pengetahuan dan kemahiran yang anda perolehi terus menerangi laluan masakan anda, dan semoga hidangan anda sentiasa dipenuhi dengan perahan lemon yang cerah. Selamat memasak!

www.ingramcontent.com/pod-product-compliance
Lightning Source LLC
Chambersburg PA
CBHW071307110526
44591CB00010B/812